JN108741

七十二候を
味わう京料理

Savouring the seasons through Kyoto cuisine

飯田 知史 京料理道楽・十四代目
IIDA Satoshi, 14th-generation master of DOURAKU

光村推古書院

はじめに

中村 考志

日本は南北に長い国土をもち、亜寒帯から亜熱帯性の作物がとれ、山地が多いことから、海のものから山のものまでとれる恵まれた自然環境をもっています。ここに東西で異なる食材の伝播、4つの海流と複数の潮目をもつなど様々な地域性が散在することで、実に多様な食材を日本各地に見ることができます。日本に住んでいるとあたりまえと思いがちですが、このように多様な食材に恵まれている国は多くはありません。これらの食材にさらなる多様性を与えているのが日本の四季です。四季は食材に旬を与えます。旬はその食材に最も活力がみなぎる時期であり、その食材の本質をいただける時期でもあります。

しかし野菜を例にとると、現在は農業技術の発展と輸入食材により、ひとつの野菜が一年中いただける時代になりました。食料戦略により、消費者ニーズを満たした結果といえますが、国民から食材の旬の意識を消失させることにもなりました。現在では野菜の成分の季節変化を調べる研究も進み、旬の野菜は風味が強く、その風味を醸し出す成分の中には健康を増進する成分もあることがわかってきました。もしかするとこれが旬の野菜の本質のひとつであり、日本に与えられた自然環境の中で先人たちが経験をもとに選び、食べ方とともに伝えてくれた知恵であるかもしれません。

食材の旬は四季や二十四節季だけでは分別できないことも多く、日本の気候の微妙な変化を絶妙に表現している七十二候は、食材の旬を示すよい分類方法と思われます。地球温暖化が進んでいるといわれる現在でも、暦に記された変化が昔と同じく正確に訪れることには驚かされることもあります。現在、農林水産省のウェブサイトのトップページには「今日の七十二候」が記されるようになりました。食材の旬が再認識されはじめた変化の表れのひとつです。

さて私が道楽のご主人の飯田さんと出会ったきっかけは、ディープな京都を毎月紹介するある雑誌の編集長からのご紹介でした。「京料理をよく知っている方をご紹介ください」とお願いしたところ、「京料理は家庭で育まれてきた一面もあるから」と、伝統的な家庭の京料理もよくご存じの飯田さんをご紹介くださいました。その後、道楽さんの懐石の作法を学ぶ企画に参加したときには、旬の食材を思う存分に活かした料理と、それが魅力的に映える厳選された器に盛られてふるまわれる、これまでに経験したことのない世界観に心をおくひとときを楽しませていただきました。飯田さんが執筆された『京料理七十二候』を私が手に取った時期はそれから間もなくしてからで、日本の季節の移り変わりをここまで敏感に感じとっておられるからこそできる、「粋」の料理への投影に感銘を受けました。

平安時代の有職料理に端を発す器に盛る文化を、料理と器の調和の美学にまで高めた京料理について、本書では、食材の旬を七十二候にわけて再認識し、美しい料理の写真とともに楽しみながら理解を深めることができると思います。

（なかむら やすし　京都府立大学文学部　和食文化学科教授）

Foreword

NAKAMURA Yasushi

Japan is a land of natural abundance. Stretching from north to south, the archipelago covers climate zones ranging from subarctic to subtropical, while its mountainous terrain and surrounding waters yield a vast and varied bounty. The divergent ways in which foreign influences have been absorbed in the country's east and west, together with the impact of sea currents and tidal characteristics, have contributed to the unique food culture found in different regions. We Japanese tend to take all this for granted, but few other countries are able to enjoy such a rich array of natural ingredients. Japan's four distinct seasons add more variety to this harvest. Each ingredient has its own *shun*: the season when it is in its prime, and we can best appreciate its essence.

Having said that, modern agricultural techniques and imports have made it possible for us to enjoy the same ingredients year round, as is now the case with vegetables. This is a boon for consumers, but it has led to a diminished awareness of the seasonality of ingredients.

Recent studies show that vegetables have stronger flavours when they are in season, and that the chemicals which produce those flavours also bring health benefits. This is probably one of the essences of seasonal vegetables: something that our ancestors discovered through their experience of living with nature, and passed down together with their recipes.

Such distinctions can be hard to express in terms of the four seasons or 24 solar terms. The subtlety of *shun* can be better conveyed using the 72 *kō*: so-called micro-seasons that divide one solar term into three. Even given the effects of global warming, I am sometimes surprised to discover that the changes marked by these micro-seasons are still observable today, just as they were in the past. The Ministry of Agriculture, Forestry and Fisheries now displays the current *kō* on the top page of its website, which is just one indication of a renewed awareness of *shun* in natural produce.

I first met Mr Iida, the master of DOURAKU, when I asked the editor-in-chief of a monthly Kyoto cultural journal to introduce me to someone knowledgeable about Kyoto cuisine. Mr Iida was recommended for his deep understanding of traditional home cooking, since, as the editor-in-chief told me, that is where Kyoto cuisine has been fostered. I started attending lectures at Mr Iida's restaurant to learn the etiquette of kaiseki cuisine, and discovered a philosophy of cooking that I had never experienced before, based on enhancing the *shun* of ingredients and presenting them on dishes that accentuate their quality. Soon after, I read a book written by Mr Iida about the 72 *kō* of Kyoto cuisine, which made a great impression on me. I was struck by his ability to sense the subtle changes in seasons and embody them in his creations, with such sophistication.

This book provides a gateway to Kyoto cuisine: a crystallisation of aesthetics born through paying close attention to the *shun* of Japan's natural ingredients, steeped in a millennium-old culture of harmonious presentation of dishes. Each dish corresponds to one of the 72 *kō*, captured in beautiful photographs that allow readers to savour the wisdom of *shun*.

(Professor, Department of Japanese Food Culture, Faculty of Letters, Kyoto Prefectural University, Japan)

七十二候を味わう京料理
Savouring the seasons through Kyoto cuisine

正月と五節供
New Year and Five Seasonal Festivals ……200

褻のおまわり
Ke no Omawari ……220

伝承菓子十二カ月
Confectionery for Twelve Months ……234

二十四節気七十二候
The 24 *Sekki* and 72 *Kō* ……250

二十四節気七十二候

The 24 *Sekki* and 72 *Kō*

【二十四節気】中国・日本の太陰太陽暦では毎年の日数が同一ではなく、暦日と季節の関係が変動して、そのずれは大きい場合1か月ほどにも達した。このずれをなくし季節を調整するために、黄道上に24個の標準になる点を設けた。1年の長さを24等分し、各分点を太陽が通過するときの時候を表す名称をつけ、二十四節気と称した。

【七十二候】七十二候とは、中国の暦で二十四節気の各気をさらに3候に分け、1年をおよそ5日ごとの72候とし、動植物の変化や自然現象の推移を、季節に相応する名称で表したものである。
日本で最初の暦である具注暦（奈良・平安時代）に中国渡来のままの名称で記載されたが、日本の時候に適合しなかった。江戸時代、渋川春海により1685年（貞享2）「貞享暦」施行の折、日本に適するような名称に改めた「本朝（新制）七十二候」を制定した。1755年（宝暦5）、宝暦改暦で土御門（安倍）泰邦によって改められたが、以後大きな改定もなく、1873年（明治6）、太陽暦施行後も1883年まで略本暦には記載された。本書では、宝暦暦・寛政暦における七十二候を用いた。

In the lunisolar calendar that was once widely used in China and Japan, months correspond to the phases of the moon, but years are measured according to the course of the sun. In order to keep the lunar months and solar years in sync, an extra month is inserted every three years.
The 24 solar terms were introduced to eliminate this problem. They divide the ecliptic into 24 points, each designating a period of the season that begins when the sun passes that point. In Japan, these 24 solar terms are called *sekki*.

In the Chinese calendar, each of the 24 solar terms was further divided into three, creating 72 micro-seasons lasting about five days each. These micro-seasons were given names that conveyed the natural phenomena and changes in flora and fauna with which they were associated.
The same names were used in the first Japanese calendar, established in the 8th century, but they were an imperfect fit. Starting in the late 17th century, they were successively revised to better reflect the Japanese climate. This book uses the 72 micro-seasons (known as *kō* in Japanese) that were established in the 18th century.

立春

<ruby>立<rt>りっ</rt></ruby> <ruby>春<rt>しゅん</rt></ruby>

太陰太陽暦では、立春を迎えて新年が明け、春
の季節の始まりとした。立春とは寅の月（旧暦
正月）の「節」で、冬から春に移る節分の翌日で
ある。太陽の黄経が315°に達した日（新暦では
2月4、5日頃）、またはその日から330°に達する
日の前日までの約15日間（現行暦では第1日目
をさす）をいう。
この頃は春風とともに寒さがやわらぎ、万物が
春の装いを新たにする時期である。また、立春
は雑節の八十八夜・二百十日・二百二十日など
を起算する基準日である。

Risshun (Beginning of Spring)
In the traditional lunisolar calendar in Japan,
the first day of spring falls in early February.
Spring breezes take the edge off the winter cold,
and all around, nature starts to awaken.

＊花／虎杖・蓬・油菜（在来菜種）＊器／時代京枡
冬から春へ移る節分の頃、豆などを入れる時代京枡を花入に見立て、
食用にする花材を用いて春の山野を表現した。

Japanese Knotweed, Mugwort and Wild Turnip
Measurement cup, antique

東風解凍 <ruby>東風解凍<rt>とうふうこおりをとく</rt></ruby>

［立春／初候］2/4 〜 2/8 頃

東から風が吹き始め、厚い氷を解かし始める時節。東風＝東の方から吹いてくる風。また、春風をいう。凍＝厚い氷

Tōfū Kōri o Toku

Spring winds start blowing from the east, melting the thick winter ice.

畑菜

畑菜芥子和 <ruby>畑菜芥子和<rt>はたなからしあえ</rt></ruby>

畑菜は江戸初期の農業全書に記載があり、古くは菜種油採取を主な目的としていたが、現在は食用として栽培され「京の伝統野菜」となっている。

京都では初午の日に「畑菜芥子和」を食べる風習がある。712年（和銅5）に献上された日本最古の文学書『古事記』によると、穀物を司る稲の精霊神・宇迦之御魂大神が711年（和銅4）の初午の日に稲荷山に降臨され、その地に伊侶巨秦公（秦伊呂具）が伏見稲荷を創建した。初午の日に畑菜の芥子和えを食べる慣わしは、秦氏に因んで畑菜を用い、稲荷神の使者である狐姫の好物である芥子で和えたとされる。

畑菜の栄養成分をホウレン草と比較した場合、ビタミンB6が約2.3倍、カルシウムが約1.9倍、総ビタミンCが約1.4倍、たんぱく質が約1.3倍含まれている。

畑菜の主な産地は、京都市伏見区久我地域で、1・2月が旬の時期となり、霜が降りて甘みが増す。灰汁・エグミが少なく繊維が柔らかい野菜で、栄養・味覚ともに優れている。

Hatakena Karashiae

Green vegetables with mustard dressing. *Hatakena* (mustard greens, above left) is one of Kyoto's heirloom vegetables, historically cultivated for rapeseed oil. Rich in vitamins and minerals, it is traditionally eaten in early February.

器：鐘溪窯黄釉抜蠟鉢／河井寬次郎
<ruby>鐘溪窯<rt>しょうけいよう</rt></ruby>

Bowl, yellow glaze, wax resist / KAWAI Kanjirō

粕汁（糟汁）

出入りの酒屋さんより、新酒を搾った酒粕が届くと、料理屋では「粕汁」や「粕漬」を作る。

もろみに過度な加圧圧搾をし清酒を搾りとった酒粕は、固く締まって旨味が抜け出ているため、なるべくしっとり軟らかなものを用いる方がよい。

一般に京都の「粕汁」は、酒粕を溶き入れた汁に、塩鰤と大根・金時人参・牛蒡などの野菜を汁の実に用い、白味噌を加え、芹を刻んで添える。大根・人参などは茹で過ぎず、歯ごたえを残すよう心がける。魚は塩鮭や塩鰹などを用いてもよく、また精進物ばかりでもよい。

精進物で「粕汁」を作る場合は、じゃこだし（いりこだし）を用いて、おあげさん・大根・金時人参・牛蒡・蒟蒻、また里芋を入れる場合もある。白味噌を加えることで味が円やかになり、芹を添え七味をふることで、酒粕独特の風味が引き立つ。

黄鴬睍睆 <ruby>黄<rt>こ</rt></ruby><ruby>鴬<rt>う</rt></ruby><ruby>睍<rt>お</rt></ruby><ruby>睆<rt>う</rt></ruby>けんかんす

［立春／次候］2/9 〜 2/13 頃

まだまだ寒さは厳しいが、うぐいすが山里で声美しく鳴き始める時節。黄鴬＝こうらいうぐいす。睍睆＝鳴き声のよいさま。本意は見目よいさま。

Kōō Kenkan Su
Though it is still bitterly cold, Japanese nightingales can be heard singing in the mountains.

器：時代槻木地蒔の蕗薹蒔絵椀
Antique lacquered bowl, butterbur sprout design in gold *maki-e*

Kasujiru
Soup made with sake lees, delivered from local breweries. The broth contains salted Japanese amberjack and vegetables such as daikon radish, red carrot and burdock, together with white miso (soybean) paste, and topped with chopped water dropwort.

器：雪竹手鉢／仁阿弥道八
Handled bowl, snow-covered bamboo design／NINNAMI Dōhachi

魚上氷 <ruby>うおこおりにのぼる</ruby>

[立春／末候] **2/14 〜 2/18 頃**

立春から十日が過ぎ、春の兆しを一段と感じて魚が動き出し、水がぬるんで割れた氷の間から飛び出て、跳ね躍るような時節。

Uo Kōri ni Noboru

In another sign that spring is on the way, fish begin to emerge energetically from cracks in the ice.

鰆 西京焼

京料理の代表的な焼物の一つに「鰆西京焼」がある。鰆は瀬戸内海や和歌山あたりの近海物で、銀色の鱗がビッシリと付き皮に張りのあるものが新鮮で、なるべく身の厚いものを選ぶ。

おろす時は、骨が柔らかいので身が傷つかないよう気をつけて包丁を運ぶ。三枚あるいは五枚におろし、身に薄く藻塩をあて、塩が身にまわるまでおいて、切り身にする。

味噌床は白粗（白粒）味噌に、煮切った酒・味醂を混ぜ合わせる。漬け方はバットに味噌を敷きガーゼ（などの布）をのせ、鰆の切り身を並べ、上にガーゼ（などの布）に味噌を塗ったものを被せる。切り身の厚さにもよるが、2日間ほど漬け込む。

焼き方は串を打って、中火の遠火で焦がさぬように、串を回しながら適度な焼き色が付くように火を通し、味醂をひと刷毛塗って焼き上げる。

軟骨は適当な大きさに切り、南蛮漬などにして食する。

Managatsuo Saikyōyaki

Grilled butterfish, prepared in the *saikyō* style. The fish is marinated in a mixture of miso paste, *mirin* (sweet cooking sake) and sake for about two days, then grilled on a skewer while basting with *mirin*.

雨 水

寅の月の「中」で、太陽の黄経が330°に達した日（新暦では2月18、19日頃）、またはその日から345°に達する日の前日までの約15日間（現行暦では第1日目をさす）をいう。

陰陽道家の重要文献である、『暦林問答集・上』は賀茂在方により1444年に著されたが、この中で「気雪散じて水と為る也」とあるように、雨水とは雪が雨に変わり、積もった雪や氷が融けて水になるという意味である。

この頃になると、雨水が温み、草木の発芽を促し萌芽の兆しが見えてくる時期である。昔は雨水を目安とし、農耕の準備を始めたという。

Usui (Rainwater)

As snowfall gives way to rain, the winter snows begin to melt and warmer water seeps into the ground, bringing signs of germination. Historically, this was the season when farmers went back to work in the fields.

＊花／桃・菜の花　＊器／信楽手桶

桃は花桃の系統と果実を獲る果樹系統があり、多くの花桃系の園芸品種の中でも雛祭りの頃切り花として出回る殆どが、矢口という品種である。

桃の枝に菜の花の取り合わせは、上巳の節供の空気感が満ち溢れる。

Peach and Canola flower
Pail, Shigaraki ware

土脈潤起 <ruby>土脈潤起<rt>どみゃくうるおいおこる</rt></ruby>

［雨水／初候］**2/19 〜 2/23 頃**
雨が降って、土中にいくらか湿り気を含み
出す時節。潤<ruby>潤<rt>うるおい</rt></ruby>＝降雨があること。湿り気。

Do Myaku Uruoi Okoru
Rain falls, moistening the ground.

器：灰釉線文長方皿／<ruby>佐伯守美<rt>さえきもりよし</rt></ruby>
Rectangular plate, ash glaze, stripe pattern／
SAEKI Moriyoshi

<ruby>笹鰈<rt>ささがれい</rt></ruby>

<ruby>柳虫鰈<rt>やなぎむしがれい</rt></ruby>を一夜干しにしたものを、京都で
はその形から「ササガレイ」もしくは産
地から「ワカサガレイ」と呼び、特に子
持ちの「ササガレイ」は干物の最高級品
とされ、古より珍重されている。その淡
泊で品のよい味わいは「<ruby>雲上<rt>しょう</rt></ruby>の<ruby>珍美<rt>び</rt></ruby>」と
称される。串を打って中火の遠火で焼き、
酒を塗って仕上げる。

Sasagarei
Grilled willowy flounder. The fish is salted
and dried overnight, then grilled on a
skewer while basting with sake. In Kyoto,
it is known as *sasagarei* because the shape
resembles a bamboo leaf (*sasa*).

器：乾山写吉野山透向付
Openwork cup, cherry blossoms on Mt. Yoshino design, Kenzan style

霞始靆 <small>かすみはじめてたなびく</small>

［雨水／次候］2/24～2/28（平年）頃

霞がたなびき始める時節。来る春への期待がふくらむ頃である。靆＝「たなびく」は古訓で、霞や雲が薄く層をなして横に長く引く意。

Kasumi Hajimete Tanabiku

A sense of spring is in the air, as the temperature creeps upwards and mist begins to form.

貝てっぱい

「鉄砲和」は、1801年（享和元）本膳や会席の四季献立を記した醍醐山人著の『料理早指南』初編や、1805年（文化2）に素人でも料理に役立つよう浅野高造が著した『素人庖丁』などに記載がある。辛子酢味噌や唐辛子味噌などで和えた料理のことで、京都では「てっぱい」と呼ぶ。鉄砲和の由来は、鉄砲が発する大きな音を聞いた時のように、辛子の刺激に跳び上がるほど驚くからとも、茹でた分葱を包丁でしごいた時に先が破れ「ポン」と音がするからなどの説がある。

「饅・饅和え」は辛子を入れない酢味噌和えのことで、料理名は沼田に由来する。京都では、常はおあげさん（油揚げ）と分葱を、晴れの日は赤貝・鳥貝などの貝類と分葱を和える。

Kai Teppai

Shellfish such as ark shell and cockles, mixed with green onion, in a dressing of miso paste, mustard and vinegar.

蛤糝薯
<ruby>蛤糝薯<rt>はぐりしんじょ</rt></ruby>

「しんじょ」は江戸時代の数多くの料理書に登場する料理で、「糝薯」「真薯」「鰤薯蕷」「新庄」など様々な漢字が当てられている。「糝」はねばりがあるもの、「薯」はやまのいもの意味である。

料理は現在のものとほぼ変わりなく、白身魚のすり身に、擂りおろしたやまのいもなどを擂り合わせ、加熱して凝固させたもので、鳥類のすり身を用いたものもあった。

現在の糝薯は、白身魚のすり身に塩を加えて、擂り鉢でよく擂り、葛粉あるいは浮粉を昆布出汁で溶いて、少しずつ加えながら擂り混ぜる。さらに卵白を泡立てて入れて擂り混ぜ、つくね芋などの粘り気の強い芋を擂りおろしてよく混ぜ合わせる。

この生地に季節の食材を混ぜ合わせ、蒸したり茹でたりしてふんわりとした食感に仕上げる。

器：輪島塗絵替蒔絵源氏物語煮物椀
Lacquered bowl, Wajima style, *maki-e* illustrations of *The Tale of Genji*

また、すり身の材料として鶉・鴨・鶏などの鳥類を用いた「たたき寄せ」もある。蛤糝薯の煮物椀は、蛤の貝を開けて身を細く切り、白身魚の糝薯生地に混ぜ合わせ、適切な大きさにとって、昆布出汁を熱くした中に入れていく。煮立てないように火を通して椀に盛り、温めた吸地に蛤から出た汁を加え椀にはり、香りに木の芽を添える。

Hamaguri Shinjo
Fish balls made from a paste of ground whitefish mixed with Japanese yam, such as *tsukune-imo*. The same preparation can also be used with fowl such as quail, duck and chicken.

草木萌動 _{そうもくきざしうごく}

［雨水／末候］3/1 ～ 3/5 頃
草木が芽吹き始める時節。萌＝きざす、もえる、起こる、草や木の芽が出る。

Sōmoku Kizashi Ugoku
The grass and trees begin to sprout.

啓蟄
（けい）（ちつ）

卯の月の「節」で、太陽の黄経が345°に達した日（新暦では3月5、6日頃）、またはその日から0°（春分点）に達する日の前日までの約15日間（現行暦では第1日目をさす）をいう。

啓蟄とは、気候が暖かくなり、冬籠りをしていた虫が土中から外に出てくる時期という意味である。「余寒いまだ尽きず」、まだまだ肌寒い時節ではあるが、この頃になると陽射しの中に春を強く感じるようになる。また、春雷（初雷）が鳴る時期でもあり、昔の人は虫が雷の音を聞いて驚き、土中から這い出してくると考え「虫出しの雷」と名付けた。

Keichitsu (Insects Awaken)

The weather is growing warmer, and insects that have been burrowed away for the winter emerge from the soil. While there is still a slight chill in the air, the stronger sunlight confirms that spring is on the way.

＊花／山茱萸・藪椿　＊器／丹波耳付花入　石田陶春 作

山茱萸は中国原産で江戸時代中頃に渡来した。
春には春黄金花、秋には赤い実をつけることから秋珊瑚ともいわれ薬木として珍重された。
風格漂う枝に咲く黄色の花は、日本に春の訪れを明確に告げる。

Cornus Officinalis and Japanese Camellia
Handled vase, Tamba style／ISHIDA Tōshun

蟄虫啓戸 <ruby>蟄虫啓戸<rt>ちっちゅうこをひらく</rt></ruby>

[啓蟄／初候] **3/6 ～ 3/10 頃**
土の中に穴を掘って隠れていた虫たちが、土の扉を開け広げて出てくる時節。蟄虫＝土の中に冬籠もりをしている虫。啓＝開け広げる。

Chicchū Ko o Hiraku

Insects emerge from holes in the ground where they have been burrowed away for the winter.

えんどう豆葛ひき

えんどう豆はエンドウの種子で、緑色、茶色、まだらなどがあるが、京料理におけるえんどう豆は、むき実用のいわゆるグリーンピースのことをいい、主に大阪府羽曳野市碓井で栽培が始まったとされる「うすいエンドウ」を用い、豆ごはんや葛引きや裏漉して餡などにする。

サヤエンドウの一種のキヌサヤエンドウは一般的に「キヌサヤ」と呼ばれ、大ザヤエンドウの「オランダ」と共に、京料理でよく用いられる。

豆苗はエンドウの若芽や葉を食用にするため、品種改良されたものである。

「えんどう豆葛ひき」は、最も京都らしい味わいの料理の一つで、えんどう豆の持ち味を引き出すよう薄甘く炊き、葛をひく。えんどう豆は出回り始めの柔らかいものを用いる。水に昆布をさして火にかけ藻塩を加え、莢から出したえんどう豆を湯がき鍋のまま冷ます。

別鍋に昆布出汁を火にかけ砂糖と藻塩で加減し、湯がいたえんどう豆を入れ、ひと煮立ちしたら水溶き葛でとろみをつけ、器に盛って露生姜を落とす。

Endōmame Kuzuhiki

Green peas dressed in kudzu root starch. The peas are boiled to bring out their slight sweetness, then thickened with kudzu. After being allowed to cool, the peas are added to a broth of kelp stock, sugar and seaweed salt, and topped with a dash of ginger juice.

器：蕨小向付／北大路魯山人
Cup, bracken leaf design／KITAŌJI Rosanjin

器：焼〆糸目皿／白井半七
Unglazed plate, thread stripes／SHIRAI Hanshichi

桃始笑 <small>ももはじめてわらう</small>

[啓蟄／次候] 3/11 ～ 3/15 頃

ようやく春らしくなって、桃の花が咲き始める時節。笑＝花が咲く。

Momo Hajimete Warau

Spring has finally come, and the peach blossoms start to flower.

桜 鱒白酒焼 <small>さくらますしろざけやき</small>

「ベニザケ」の陸封型を「ヒメマス」と呼ぶように、サケとマスに明確な区分はなく、各地での呼び名も混乱している。

マスを代表する「サクラマス」は、関東では「ホンマス」や「ママス」と呼ばれており、「サクラマス」の陸封型が「ヤマメ」である。

白酒焼に用いる「サクラマス」は、薄く藻塩をあて、酒粕に味醂・焼酎を加えた床に漬け込む。

「サクラマス」にかける白酒は、蒸したもち米に、麹・味醂・焼酎を加えて発酵させ、擂りつぶして作った白酒に、卵白のメレンゲを合わせたもの。

「サクラマス」に串を打ち、中火の遠火で8分通り焼き、白酒をかけて揚げ浸しにした土筆をのせ焼きあげた。野蒜をあしらい野趣を味わう一品とした。

Sakuramasu Shirozakeyaki

Grilled *masu* salmon pickled in sake lees. During grilling, the fish is seasoned with *shirozake* (sweet white sake) made mainly from steamed glutinous rice and topped with meringue. It can be served with *nobiru*, a type of rocambole.

鯛の子の炊合せ

この時分は瀬戸内の鯛が子を持ち始め、京料理の食材として大変重宝する。

鯛の子は切って血管があれば取り除き、ゆったりと湯がいて水に晒す。出汁にへぎ生姜を加え、酒、砂糖、淡口醤油で調味し、鯛の子を入れて紙蓋をして静かに炊く。新鮮な鯛の子は、粒の繋がりもしっかりしており散けにくい。

特に、蕗や筍との相性がよく、彩りよく椎茸、蓮根、桜花人参を炊き合わせ、木の芽を添えた。

器：紫交趾雲錦蓋碗／永楽即全
Bowl with lid, Kochi style, cherry blossom and maple leaf design / EIRAKU Sokuzen

Tai no Ko no Takiawase
Cooked mixture of sea bream eggs and
vegetables. At this time of year, pregnant
sea bream from the Seto Inland Sea become
available in Kyoto. Their eggs are combined
with butterbur, takenoko (bamboo shoots),
shiitake mushroom and carrot, and
garnished with Japanese pepper leaf.

菜虫化蝶 <small>なむしちょうとけす</small>

［啓蟄／末候］ 3/16 ～ 3/20 頃
成長した菜虫が羽化して、紋白蝶になる時
節。菜虫＝大根・かぶらなどアブラナ科の
野菜類を食べる昆虫の総称。特に紋白蝶の
幼虫をいう。青虫。

Namushi Chō to Kesu
Grown caterpillars emerge from their
chrysalises to become butterflies.

春分
しゅん ぶん

卯の月の「中」で、太陽の黄経が0°(春分点)
に達した日(新暦では3月21、22日頃)、または
その日から15°に達する日の前日までの15日間
(現行暦では第1日目をさす)をいう。
春分の日は春の彼岸の中日で、太陽が真東から
昇って真西に沈み、昼と夜の時間がほぼ等しく
なる。この日を境にして夏至まで昼がしだいに
長くなり、夜が短くなっていく。「暑さ寒さも
彼岸まで」というように、寒さも峠を越してし
のぎやすくなるが、温帯低気圧の通過などによ
り、天候・気温などは日毎に変わりやすい時期
である。

Shunbun (Vernal Equinox)

On the day of the vernal equinox, the sun
rises due east and sets due west, and day and
night are of almost equal length. It is a period
marked by frequent shifts in the weather and
temperature.

＊花／木苺・白玉椿　＊器／有田焼染付唐花文手桶花入　＊軸／「碧巌録」春屋宗園
へきがんろく　しゅんおくそうえん
椿は万葉集の「つらつらつばき」以来、古くより日本人に馴染み深い花である。白い椿は清廉さを漂わせる。
若葉の木苺は晩春に白い五弁花を開き、初夏に果実が成る。

Raspberry and White Camellia
Pail-shaped vase, arabesque pattern, cobalt underglaze, Arita ware
Hanging scroll "Hekiganroku (Blue cliff record)"/ SHUN'OKU Sōen

器：花之字四方皿　黒田辰秋　長寛写扇面蒔絵煮物椀　西村彦兵衛
Square plate, flower calligraphy design / KURODA Tatsuaki
Lacquered bowl with lid, Chōkan-style fan design in *maki-e*/ NISHIMURA Hikobe

春の点心

「点心」とは中国唐（618～907）の時代に始まり、元（1271～1368）の初期ごろまでは（1日2食時代）朝食前に摂る小食をしたが、元の時代に食間の小食を全て「点心」というようになった。

日本へは仏教の伝来と同時に、点心なる言葉とそのおおよその内容が伝わり、その後現在に至るまで、豊富な種類の内容に発展した。鎌倉・室町時代には、当時の食事は1日2食であったため、禅家で勤行による食間の空腹を補うためにとる食物や菓子のことをさすようになり、茶会に供する軽い食事をいうようにもなった。空心（空腹）に点ずるの意ともいわれる。

花見時分の「点心」を、五行の五味・五色・五法を取り合わせ、華やかに盛合せた。

雀始巣 すずめはじめてすくう

[春分／初候] **3/21 ～ 3/25 頃**
春の気ますます盛んとなり、雀が巣を作り
居を構え始める時節。

Suzume Hajimete Sukū
The scent of spring grows stronger, as
sparrows start to build their nests.

料理　鱚桜寿司・鮊鰊酒蒸し・きんこ
捏芋射込み・かしわ八幡巻・帆立貝昆
布〆炙り・アスパラ味噌漬・こごみ天
婦羅・菜種芥子漬・車海老旨煮・筍姫
皮浸し・本諸子生姜煮・焼芽甘藍・串打
三色団子（百合根梅肉・南京・お多福豆
青海苔）

椀物　鳴門鯛潮汁・蕨・針独活・木の芽

Haru no Tenshin
Light snacks known as *tenshin* were
traditionally served to Zen priests during
religious services, at a time when people
only took two meals each day. This *tenshin*
arrangement for a cherry blossom viewing
party combines five different tastes,
colours and preparations.

桜始開 さくらはじめてひらく

［春分／次候］3/26 〜 3/30 頃
本格的な春となり、漸く桜の花が咲き始める時節。

Sakura Hajimete Hiraku
Spring bursts into full bloom with the arrival of the cherry blossoms.

鯛桜蒸

この時期に獲れる真鯛は「桜鯛」とも呼ばれ、最上のものとされる。鯛は福の神の恵比須が抱き、祝事料理には欠かせない、日本で最も愛されてきた魚で、京都では「お鯛さん」とも呼ばれる。その優れた容姿と色は「魚の王」といわれる所以である。

鯛は、「造り」「潮汁」「焼物」「揚物」「蒸物」「あら炊き」「鯛かぶら」「鯛飯」「鯛麺」

器：古伊万里錦手蓋碗
Bowl with lid, colourful overglaze, old Imari ware

Tai Sakuramushi

Sea bream fillets steamed with cherry blossom leaves. Fillets are wrapped with cherry blossom leaves and steamed, and served with a sauce thickened with kudzu root starch, topped with grated wasabi and salted cherry blossom.

……など実に様々な料理がある。中でも桜の咲く頃、産卵のために激流にもまれ瀬戸内海にやって来る「明石鯛」「鳴門鯛」は最高とされる。
この時期に相応しい料理が「鯛桜蒸」。鯛の切り身に、熱湯を加えてもどし柔らかく蒸した道明寺粉をきせかけ、桜の葉で巻いて蒸しあげる。葛溜をかけ、すりおろした山葵と桜の花を留める。

散らし寿司

喜田川守貞が著し、1853年（嘉永6）に
完成した江戸後期の風俗の考証的随筆で
ある『守貞漫稿』の中で、「散らしずしは
ごもく鮓とも起し鮓ともよび、すし飯に
椎茸、玉子焼、紫海苔、芽紫蘇、蓮根、
筍、蛔、海老、魚肉は酢に漬けて、皆細
かにきざみ飯にまぜ丼鉢に入れ、上に金
糸玉子焼などを置く」とある。

雷乃発声 らいすなわちこえをはっす

［春分／末候］ **3/31 〜 4/4 頃**
遠くで雷の声がし始める時節。声＝音

Rai Sunawachi Koe o Hassu
The sound of thunder can be heard in the
distance.

器：青薬松葉四方鉢
Square container, green glaze, pine needle design

現在の「散らし寿司」は、寿司飯を合わせ干瓢・椎茸・牛蒡・蓮根・人参などを炊いた具材を混ぜて器によそい、焼海苔、金糸玉子をのせ、その上に様々な食材を彩りよく華やかに盛り込んだもの。「ばらずし」とは、本来なまものは用いず、あまり飾りたてない混ぜずしを指すが、「散らし寿司」と同じものととらえる向きもある。

Chirashizushi

Garnished sushi. Cooked ingredients such as dried gourd strip, shiitake mushroom, burdock, lotus root and carrot are mixed with vinegared rice, and topped with toasted laver, shredded omelette and shrimp.

清明

<ruby>清<rt>せい</rt></ruby> <ruby>明<rt>めい</rt></ruby>

辰の月の「節」で、太陽の黄経が15°に達した日
（新暦では4月4、5、6日頃）、またはその日から
30°に達する日の前日までの約15日間（現行暦
では第1日目をさす）をいう。

晴明とは「清浄明潔」を略したもので、「万物こ
こに至って皆潔斎なり」と称されるように、春
先の清らかで生き生きした様子を表したもので
ある。この頃になると、春気玲瓏にして桜や多
くの草木の花が咲き始め、万物に清朗の気が溢
れ、清々しい南東の風が吹く時期である。

清浄明潔＝清らかで、明らかに汚れのないこと。
潔斎＝心身を清めること。玲瓏＝透き通り曇り
のないさま。晴朗＝晴れ晴れと明るいさま。

Seimei (Pure and Clear)

As cherry blossoms and vegetation burst into
bloom, this is a time of year when everything
seems to be full of life, and fresh winds blow
from the south-east.

＊花／椿＝華鬘草・空木　＊器／青竹一重切
華鬘とは仏堂内陣の欄間にかける装飾具。鳴門の鯛が竿の頃、
釣竿で引き上げた鯛に見立て「鯛釣草」の別名がある。
空木は一般に、「卯の花」の呼び名で親しまれている。

Dicentra Spectabilis and Deutzia Crenata
Bamboo, single slit

玄鳥至 げんちょういたる

[清明／初候] 4/5 〜 4/9 頃

玄鳥が毎年いつものように南からやって来る時節。玄鳥＝燕の異称。

Genchō Itaru

Migrating swallows return after spending the winter in more southerly climes.

油女（油魚）葛叩き

鮎並を京都では「あぶらめ」と呼ぶ。春から夏にかけて旬をむかえ、京料理においても、ほどよく脂がのったクセのない淡泊な味わいが好まれ、よく用いられる。料理は主に、造り、椀種、焼物などにする。

調理の際は、まず細かい鱗を残らず除き、水洗いの後三枚におろし、血合い骨を抜く。3〜5mm間隔で骨切りをしてさらに残った骨をていねいに抜き取る。
椀種にする場合は、薄く藻塩をあて塩がまわったら、骨切りした一枚一枚に刷毛で葛粉をまぶす。昆布出汁で静かに炊いて椀に盛り、蕨などをあしらって吸地をはり、木の芽を留める。

Aburame Kudzu Tataki

Simmered greenling basted with kudzu root starch. Fillets are lightly dusted with seaweed salt, basted with kudzu root starch, and cooked in kelp stock, then served in a bowl garnished with bracken and Japanese pepper leaf.

器：桜花紋煮物椀／橘屋友七
Lacquered bowl, cherry blossom design／TACHIBANAYA Yūshichi

Takenoko Kinomeae
Cooked bamboo shoots in a dressing of
white miso paste with Japanese pepper leaf.

器：仁清写 扇流し透鉢／永楽即全
Openwork bowl, Ninsei style, fan and watermark design / EIRAKU Sokuzen

筍　木の芽和

京料理の春の顔といえば、先ず筍が挙げられる。主な産地は、沓掛の北側あたりの塚原、かつて広大な竹林であった洛西ニュータウン西側の大枝、洛西ニュータウンの南側の大原野、向日市、長岡京市、大山崎、山城、大覚寺大沢の池周辺の嵯峨野など、大方が京都市の西部から乙訓辺りの地域にかけて集中する。

最高級の「白子」は、独特の風味にあふれ、実に柔らかで適度な食感がある。秋から冬にかけて、「敷き藁」「土入れ」によって、土中の温度が保たれ、肥沃で軟かな土壌となり、親竹の管理や適切な間引きにより、養分の巡りや陽当たりを良くする。丹精込めて作られることで、最高品質の筍が生まれる。

筍を料理する時に最も大事なことは、掘られてから直ぐに湯がくことで、時間の経過とともに、繊維が締まり灰汁やエグミが生じる。上質なものは何も加えず水のみで茹でるが、一般には米糠とタカノツメを加えて落とし蓋をして茹で、鍋に入れたまま冷めるまでおく。

たっぷりの昆布をさして酒を加え、少量の砂糖と淡口醤油を加える炊き方と、鰹節をたっぷり加える炊き方がある。

代表的な料理には「わかたけ」「木の芽和」「木の芽焼」「天麩羅」「筍御飯」などがある。「木の芽和」は、先ず白味噌に卵黄・砂糖・酒・味醂を混ぜ合わせて炊いたものに、木の芽をすりつぶして青寄せとともに混ぜ合わせ、木の芽味噌を作る。炊いた筍を小角に切り、木の芽味噌で和える。

鴻雁北 こうがんきたす

[清明／次候] 4/10 〜 4/14 頃

雁が北へ渡っていく時節。鴻雁＝秋に飛来する渡り鳥のがん。「鴻」はがんの大形、「雁」はがんの小形のものをいう。北＝北方へいく。かえる。

Kōgan Kitasu

Wild geese that migrated to Japan in the autumn fly further north.

筍

※青寄せ＝ホウレン草の茎から葉の部分をとって、すりつぶしながら塩と水を加えて鍋に移す。火にかけて煮えてきたら泡のような色素をすくいとり、水嚢にあげて扇いで急冷する。アルミホイルなどで棒状に包み冷凍保存する。

虹始見 にじはじめてあらわる

［清明／末候］4/15 〜 4/19 頃

雨が降ったあとなどに、鮮やかな虹が見え
始める時節。見＝目前に現れる。

Niji Hajimete Arawaru

The first rainbows begin to be seen.

薇炊き

薇の名の由来は、若芽の巻いている姿が
古銭に似ている事から、「銭巻」が転じ
たものと言われている。

薇は全国各地の山野に生え、葉の開く前
の若芽は、葉柄にタンパク質や炭水化物
が多量に含まれる。春に若芽を摘み取っ
て生のまま、或いは茹で（蒸し）てから干
したり、塩漬けにして保存する。生のま
ま干したものを「青干し」、茹で（蒸し）
てから干したものを「赤干し」という。
青干しは非常に高価だが、香りや食感に
優れている。

戻し方は、鍋に湯を沸かし、干し薇を浸
け、落とし蓋をして一晩おく。笊にあげ
流水に晒してから、被るくらいの水を入
れて火にかけ、沸騰したら笊にあげ、再
び流水に晒す。これを2〜3回繰り返す。
料理は油分と相性が良いので、油で炒め
てから炊いたり、おあげさん（油揚げ）
と一緒に炊くことが多い。

栄養素は、鉄・カルシウム・ビタミンA
・カロテン・食物繊維などが豊富に含まれ
る。

Zenmaidaki

Simmered fern. Dried zenmai fern is
soaked overnight, then cooked with deep-
fried bean curd.

器：染付松皮菱蝦絵向付／永楽即全
Pine bark diamond-shaped cup, shrimp illustration in cobalt/EIRAKU Sokuzen

穀　雨

辰の月の「中」で、太陽の黄経が30°に達した日（新暦では4月20、21日頃）、またはその日から45°に達する日の前日までの約15日間（現行暦では第1日目をさす）をいう。

穀雨とは「百穀を潤す春雨」という意味で、春の季節最後の二十四節気である。細かい雨が静かに降り田畑を潤す時期で、穀物などの種子の発芽を促す時期である。雨が長引けば「菜種梅雨」となる。また、藤の花が咲き始める頃である。

Kokuu (Grain Rains)

Gentle drizzle falls on the fields and rice paddies, allowing the seeds sown there to germinate. This is also the season in which wisteria begin to bloom.

＊花／白山吹・小手毬・花筏　＊器／杉本貞光 銘「面壁」立花大亀
小手毬は多くの茶会記に記載があり、江戸時代以前は鈴懸とか団子花と呼ばれていた。
白山吹と合わせ、清廉さを表した。花筏は花が葉の上に乗って咲くユニークな形で、
貝原益軒が美味と記したように食用にする地域もある。

White Kerria, Spiraea Cantoniensis and Helwingia Japonica
Vase／SUGIMOTO Sadamitsu
Titled "Mempeki (facing the wall)" by TACHIBANA Daiki

葭始生 <ruby>あしはじめてしょうず</ruby>

［穀雨／初候］ 4/20 〜 4/24 頃
水辺に葭が芽吹き始める時節。

Ashi Hajimete Shōzu
Reeds begin to sprout on the waterside.

Sazae Tsuboyaki
Grilled turban shell. The shellfish is winkled, sliced, and then returned to its shell together with chopped carrot and herb leaves. Finally, the shell is topped up with soup stock flavoured with sake and light soy sauce, and heated.

栄螺壺焼

栄螺は日本で古くより食されており、晩春から夏に産卵するため、春から初夏にかけてが旬とされる。

殻にあるつのは荒波で育ったものほど立派で、波の穏やかな内湾的な環境で育ったものは尖ったつのが無く「まるごしさざえ」「つのなしさざえ」などと呼ばれる。つのは呼吸のための水の出入管である。栄螺は夜行性で、恰も二本足で歩くかのように移動し、主に海藻を食べる。殻の色は食べる海藻によって作られる。貝殻は釦や螺鈿の材料にされる。

栄螺の持ち味は、独特の磯の匂いと肝のほろ苦さ。料理は殻を束子で洗ってから、殻と身の間に貝割りを刺し、柱を切り離し身を引き出す。殻をふせて暫く（10分間程）おくと身が下がり外しやすい。外しにくい場合はサッと炙ると簡単に外れる。身を取り出したら、身からわたを切り離し肝の先端部（砂が入ってない部分）のみ用いる。身は縦に二つに切り、薄切りにする。

殻に肝を入れて身をのせ、独活・人参・三つ葉などを加える。出汁に一割程度の酒を合わせ、淡口醤油で吸い加減に調味した汁を殻に注ぎ入れ、火にかける。煮立ってきたら皿に塩を盛り、殻をのせ供す。また、刺身や酢の物にしてもよい。

器：赤絵兜鉢／北大路魯山人
Deep bowl, colourful overglaze / KITAŌJI Rosanjin

牛肉アスパラ巻

江戸時代は獣臭に抵抗感があり、獣肉を食すると穢れると敬遠されていた。一方で、彦根藩主が代々将軍家へ牛肉のみそ煮を献上しており、桑名藩士・渡部平太夫によって書かれた『桑名日記』の1839年（天保10）の記事には、「牛肉を買って孫たちに煮て食べさせ、せがまれるままに四日も続けて食べさせた」とあり、幕末には一般に食されていたと考えられる。

アスパラガスは南ヨーロッパ原産で、観賞用のアスパラガスがオランダから日本へ渡来したのは18世紀のこと。「オランダキジカクシ」「マツバウド」「セキチョウハク」とも呼ばれた。その後、明治初期にアメリカやフランスから導入されたものが、日本で食用として栽培されるようになった。アスパラガスは、春から夏にかけて筆先形の芽を出す。この新芽を食用にする。大正時代に北海道で缶詰用のホワイトアスパラガスの栽培が盛んになった。ホワイトアスパラガスは、土寄せをし、白く軟らかな若芽を収穫したもの。土寄せをせずに地上に伸びた緑の若芽を収穫するグリーンアスパラガスは、1955年（昭和30）頃より市場に出回るようになった。アスパラガスはタンパク質が多く、アミノ酸の一種アスパラギンを多く含んでいる。グリーンアスパラガスはビタミンCやカロテンの含量が高い。

料理は、醤油・味醂・酒を合わせた調味液に薄切りの牛肉を浸す。皮を剥いてサッと茹でたグリーンアスパラガスを芯にして、下味をつけた牛肉で巻き、串を打って強火で手早く焼きあげ、粉山椒をふりかける。

霜止出苗 しもやんでなえいず

[穀雨／次候] 4/25 〜 4/29 頃
漸く霜も終りの頃となり、苗代では稲の苗が成長する時節。

Shimo Yande Nae Izu
The final frost of the season occurs, and rice seedlings grow in the nurseries.

Gyūniku Asuparamaki
Asparagus wrapped in beef. Peeled green asparagus is quickly boiled and wrapped in seasoned beef, then seared over a high flame and sprinkled with Japanese pepper powder.

地鶏香味炊き

花山椒は出回る時期が短く、正に春から
夏へと移ろう季節を味わう食材である。
「地鶏香味炊き」は、丹波地鶏の旨味に
独活、茗荷、三つ葉など香りの立つ野菜
を加え、季節がもたらす爽やか且つ豊か
な花山椒の香りを食する道楽に伝承され
る料理である。
花山椒は固い枝の部分をていねいに取り
除き、たっぷりの湯を沸かしたところに
サッとくぐらせ、笊にあげ手早く扇いで
冷ます。昆布出汁に酒、淡口醤油、煮切
り味醂を加えて煮立て、細切りにした地
鶏のもも肉を入れてサッと炊く。笹がき
独活、小口切りの茗荷、三つ葉などの香
味野菜を加え、一煮立ちしたら花山椒を
入れ、器に盛る。

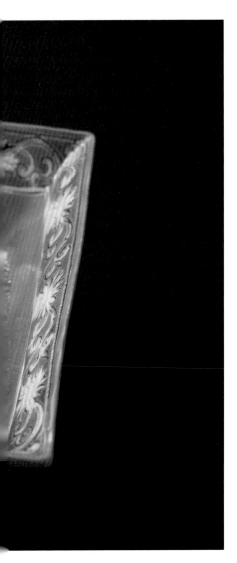

牡丹華 ^{ぼたんはなさく}

［穀雨／末候］ 4/30 〜 5/4 頃
牡丹が大きな花を咲かせる時節。華＝花が
咲く

Botan Hana Saku
Large peony flowers begin to bloom.

器：藍彩抜蝋鳳凰文四方向付／川瀬竹春
Square cup, indigo glaze, wax resist phoenix
pattern / KAWASE Chikushun

Jidori Kōmidaki

Flavoured free-range chicken. Thin slices
of chicken thigh are quickly simmered in a
soup of kelp stock, sake, light soy sauce and
mirin. This is mixed with Aralia cordata,
myoga ginger and chervil, then garnished
with Japanese pepper flower.

立　夏

<ruby>立<rt>りっ</rt></ruby>　<ruby>夏<rt>か</rt></ruby>

巳の月の「節」で、春から夏に移る節分の翌日
である。太陽の黄経が45°に達した日（新暦で
は5月5、6日頃）、またはその日から60°に達す
る日の前日までの約15日間（現行暦では第1日
目をさす）をいい、暦の上では季節は夏となる。
「目には青葉山時鳥初松魚」（山口素堂）の時期
で、この頃になると春色が褪せ、山野に新緑が
目立つようになり、風も爽やかになって夏の気
配が感じられる時節である。

Rikka (Beginning of Summer)
Spring is beginning to fade. The mountain
pastures are a vibrant green, and refreshing
winds carry the first hint of summer.

＊花／菖蒲　＊器／祥瑞写大鉢 永楽和全　＊掛物／奥谷秋石「龍門の瀧」
アヤメ属の総称として菖蒲の名が用いられることが多く、江戸時代に古典園芸植物の代表格となり
改良が重ねられ、現在の品種は2000種を超える。気高い品格を放つ紫の花と刀のような葉は、
他のものを寄せ付けない。永楽和全の大鉢に一種で群生に入れた。

Acorus Calamus
Large bowl, shonzui style／EIRAKU Wazen　Hanging scroll／OKUTANI Shūseki

器：時代朱塗鳳凰沈金菊花椀
Rouge lacquered bowl, gold inlay phoenix and chrysanthemum design

鯉の椀物

海魚の鯛に対して、鯉は川魚の王と称される。山紫水明の地京都は、かつて鱧を除く海産活魚の入荷が殆どなかったため、鯉は特に珍重されてきた。

料理は主に「洗い」「鯉こく」「飴炊き」「付焼き」などにする。

鯉は必ず活きたものを用いる。俎にのせ頭部に絞った布巾を被せると暴れなくなる。出刃包丁の峰で頭部を打ち一気に捌く。頭の方から三枚目と四枚目の鱗の間に包丁を入れ、苦玉（胆嚢）をつぶさないように注意して除く。濃漿仕立て（鯉こく）にする場合は、鱗を付けたまま筒切りにし、水と酒で3〜4時間煮込んで、白味噌で仕立てる。素材から出る出汁で仕立てる（丸仕立て）場合は、鱗を除い

蛙始鳴 _{かえるはじめてなく}

[立夏／初候] 5/5 ～ 5/9 頃
蛙が鳴き始める時節。蛙＝蛙

Kaeru Hajimete Naku
The frogs begin to sing.

てから三枚におろし骨切りをする。
川魚特有の生臭さが出ないように、鍋に
昆布を敷いて水と酒で、骨切りした鯉の
身を炊き、淡口醤油で味を調え、戻した
丁子麩を加えてサッと炊く。椀に盛って汁
をはり、粉山椒をふって刻み葱を添える。

Koi no Wanmono
Simmered carp in a bowl. Fillets are
cooked in a hot pot with water, sake, kelp
and *chōji-fu* (rectangular-shaped wheat
gluten), seasoned with light soy sauce.
This is served in a lidded bowl, sprinkled
with Japanese pepper powder.

鰹の炙り

鰹が回遊する経路は年ごとに変化するとも言われている。大凡3〜4月には日本の南岸沿いの近海に来遊し、5〜6月にかけて関東近海に接近し、7〜8月には三陸近海に達する。

初物好きの江戸っ子は、初鰹を殊の外珍重したが、秋から冬にかけて日本近海を南下し三陸沖で捕獲される戻り鰹は脂がのって美味である。

現在は鰹・鮪漁船の沖合操業が盛んになり、鰹による季節感は薄れてきた。

鰹は大群で海洋表層を遊泳するが、鰹だけで群泳する素群の他、ジンベイザメに付く鮫付き群、イワシクジラに付く鯨付き群、鰯などの餌を追ってくる餌持群、海鳥群が伴う鳥付き群、流木とともに遊泳する木付き群、などがある。

「鰹のたたき」は土佐の名物で皮付きの

蚯蚓出 きゅういんいずる

[立夏／次候] 5/10 〜 5/14 頃
蚯蚓が地上に這い出る時節。蚯蚓＝みみず

Kyūin Izuru
Earthworms emerge from the ground.

上身の表面を、藁を燃やした炎で炙り、1cm厚さほどに作り（塩をふってもよい）、生姜、葱、青紫蘇、茗荷、大蒜などの薬味を数種細かく刻んでまぶし、酢橘や檸檬などの柑橘類の搾り汁をかけ、手や包丁の腹で軽く叩いてなじませる。溶き辛子を添え醤油や二杯酢とともに供す。

Katsuo no Aburi

Broiled bonito. Fillets are roasted with the skin on over a straw fire, and sprinkled with spices and citrus fruit juice.

器：染付唐草文輪花向付／川瀬竹春
Cup, cobalt underglaze, arabesque pattern／
KAWASE Chikushun

竹笋生 <ruby>竹笋生<rt>ちくかんしょうず</rt></ruby>

［立夏／末候］5/15 〜 5/20 頃
竹の子が生えてくる時節。<ruby>竹笋<rt>ちくかん</rt></ruby>＝竹の子
笋は<ruby>筍の別体字<rt>べったいじ</rt></ruby>

Chikukan Shōzu
Bamboo shoots start to sprout.

焼鯖と蕗

鯖は春から夏にかけて、日本列島の周り
を北上し、秋から冬に南下する。京都で
は若狭から運ばれてくる「<ruby>一塩物<rt>ひとしおもん</rt></ruby>」をよ
く用いてきた。若狭湾で塩をあて、鯖街
道を一晩かごに揺られ、京の町へ着く頃
には塩がまわっている。

塩鯖は三枚におろし血合い骨を抜いて、
水に<ruby>晒<rt>さら</rt></ruby>し塩を抜き、酒を<ruby>塗<rt>まぶ</rt></ruby>し炭火で焼く。

蕗は数少ない日本原産の野菜で、その栽
培は10世紀以前に始まったとされる。
<ruby>蕗<rt>ふき</rt></ruby>の<ruby>薹<rt>とう</rt></ruby>の頭花が開くにつれ<ruby>花茎<rt>かけい</rt></ruby>が伸び
る。食用にする<ruby>葉柄<rt>ようへい</rt></ruby>が市場に出回る最盛
期は、春から初夏にかけてである。

西日本で多く栽培されている愛知<ruby>早生<rt>わせ</rt></ruby>蕗
は、秋田蕗からつくりだされた品種とさ
れる。

料理は、蕗を茹で皮を<ruby>剥<rt>む</rt></ruby>いて切り揃え、
敷き昆布をした鍋に、焼鯖と共に入れる。
水と酒（7：3）をヒタヒタに入れて火に
かけ、煮立ってきたら、砂糖と醤油（濃
口と淡口が同量）でしんみりめの吸い加
減に調味し、じっくり煮含める。上質な
粉山椒か七味をふり供する。

Yakisaba to Fuki
Grilled mackerel with butterbur. Salted
mackerel brought from the Sea of Japan
is filleted into three pieces, coated with
sake, and grilled over charcoal. This is then
simmered together with cooked Japanese
butterbur, in a broth flavoured with sake,
sugar and soy sauce.

器：寶繪俵形鉢／永楽即全
Bale-shaped bowl, treasure illustrations／EIRAKU Sokuzen

小満
しょう まん

巳の月の「中」で、太陽の黄経が60°に達した
日（新暦では5月21、22日頃）、またはその日
から75°に達する日の前日までの約15日間（現
行暦では第1日目をさす）をいう。
中国後漢時代の年中行事記である『四民月令』
に、小満とは「万物しだいに長じて天地に満つ
る」とある。つまり草木が茂り周囲に満ち始め
るという意味である。この頃になると、山野の
草木は花を散らして実を結び、麦の穂が大きく
成長する。

Shōman (Lesser Ripening)
The flowers in the mountain pastures wither as
their plants bear fruits, and the heads of wheat
in the fields grow bigger.

＊花／蓮華躑躅・都忘れ　＊器／伊賀焼瓢形水指
蓮華躑躅は朱橙色の花を開く。山地や原野に生え、古くから花木として庭に植えられ
親しまれてきた。添えた都忘れは、承久の変に敗れた順徳天皇が佐渡に流された際、
この花を愛でて心を慰められ、都を忘れることができたとされる花。

Japanese Azalea and Gymnaster Savatieri
Hourglass-shaped water container, Iga ware

蚕起食桑 <small>かいこおこってくわをくらう</small>

[小満／初候] 5/21 〜 5/25 頃

蚕が眠りから起きて脱皮を済ませ、桑の葉
を盛んに食べ始める時節。

Kaiko Okotte Kuwa o Kurau
Silkworm larvae hatch and start feasting
on mulberry leaves.

生節と焼豆腐

「生節」とは、鰹を三枚におろして蒸し
（茹で）て半干しにしたもので、鰹の旨
味が凝縮され、生姜との相性がよい食品
である。道楽では、鰹の鱗・内臓を除き
水洗い後、三枚におろし骨を除いて節に
とり、約2cm幅の切り身にしたものを20
分間ほど茹でる。それを笊に並べて両面
天日干し（半日ほど）にする。
「生節」は、お焼き（焼豆腐）と炊くのが一
般的だが、にゅうめんにしても、酒を振
りかけサッと蒸して生姜醤油で食しても
よい。

Namabushi to Yakidōfu
Semi-dried bonito with grilled tofu. The
fish is filleted into three parts, steamed
and then partially sun-dried to concentrate
its umami flavour. This is then cooked
together with grilled tofu.

器：黒唐津向付／西岡小十
Cup, black glaze, Karatsu style／NISHIOKA Kojū

器：織部舟形向付／樂十四代　覚入
Boat-shaped cup, Oribe-style green glaze／Kakunyū, 14th generation of Raku kiln

鯵卵の花和

鯵はかつては大衆魚だったが、近年、上質なものは高級魚となった。

鯵には「真鯵」「室鯵」「丸鯵」「め鯵」など多くの種類があるが、一般には「真鯵」をさすことが多い。中でも「瀬付き」は背部が淡黄褐色なことから「黄鯵」と呼ばれ、「黒鯵」と比べて美味である。

新鮮なものは、目が透き通り、魚体が銀色の光沢があり、鰓が鮮明な赤色である。

40cmにも達する大きなものもあるが、味は18〜20cm程の中鯵がよい。鯵にはぜいご（ぜんご）と呼ばれると突出した硬い鱗があるので、除いて料理する。

「たたき」「塩焼」「南蛮漬」「酢締め」など多くの料理法がある。鯵の干物は有名で、「室鯵」は伊豆七島（とくに新島）の特産品である「くさや」の原料の一つである。

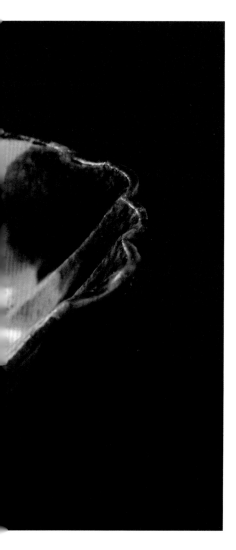

紅花栄 <ruby>紅花栄<rt>こうかさかう</rt></ruby>

［小満／次候］5/26 〜 5/30 頃
紅花の<ruby>紅黄色<rt>べにばな</rt></ruby>の<ruby>頭花<rt>とうか</rt></ruby>が盛んに咲く時節。

Kōka Sakau
Yellowish-red safflowers bloom in
profusion.

Aji Unohana-ae
Horse mackerel with *unohana* dressing.
The dish is made by firmly squeezing
unohana (a polite term for *okara*, or tofu
lees), and heating it with vinegar, salt,
sugar and egg yolk. This is then used as
a dressing for horse mackerel marinated in
vinegar.

「卯の花和」とは、おからを水濾しにして
固く絞り、鍋に入れ酢・塩・砂糖・卵黄
などを加えて火にかけ、箸を束ねたもの
で混ぜながらパラパラになるまで煎った
粉（<ruby>卯の花衣<rt>ころも</rt></ruby>）を<ruby>塗<rt>まぶ</rt></ruby>した料理のこと。
鯵は三枚におろし骨と皮を除き、藻塩を
あてしばらくおく。7〜8分間ほど昆布酢
で締めて適切な大きさに切り、煎った卯
の花で和える。

麦秋至 <ruby>ばくしゅういたる</ruby>

［小満／末候］5/31 〜 6/5 頃
麦が熟して畑一面が黄金色になる時節。

Bakushū Itaru
The wheat fields turn a golden yellow hue, ready for harvesting.

Yakiayu
Grilled sweetfish seasoned with salt. Sweetfish is a staple of Kyoto cuisine during the summer months, served in a wide range of styles, including *shiokara* preserve made from its entrails. In this dish, the bones are removed after grilling.

焼鮎

鮎は、京料理において夏を代表する魚の一つ。

昔は京都に新鮮な海の魚が入ってこなかった中、鮎の高貴な姿や清楚な香りは"清流の女王"と評され、とくに慈しまれてきた。また、『古事記』(10頁参照)や720年(養老4)に成立したわが国最初の正史である『日本書紀』にも鮎の熟鮨の記述があるほど、古くから日本人に親しまれてきた。平安時代には一年で生涯を終えることから「年魚」とも呼ばれた。現代は越年する鮎がいることが知られている。

鮎は成長とともに川を遡りながら、石についた川藻を喰んで、瓜のような独特の香りを宿すことから「香魚」とも呼ばれる。上桂川(大堰川)の鮎は明治初期まで朝廷に献上されており、由良川、清滝川、上和知川、上林川、久多川、など多くの有名な産地がある。

料理は、先ず塩焼が挙げられる。薄く輪切りにした後、洗いにした「背越し」、醤油を加えて炊いた「赤煮」、酢を加えて炊いた「酢炊き」、味噌を塗って焼きあげた「魚田」、天婦羅などの「揚げ物」、開いて骨を除き、棒寿司にした「姿寿司」、焼き鮎を入れて炊いた「鮎御飯」など実に様々な料理方がある。

鮎の内臓を塩辛にした「うるか」には、消化管の塩辛「苦うるか」、卵巣の塩辛「子うるか」、精巣の塩辛「白うるか」、などがあり酒肴として珍重される。

器：青楓鉢／白井半七
Bowl, green maple design / SHIRAI Hanshichi

芒種

ぼう　しゅ

午の月の「節」で、太陽の黄経が75°に達した日（新暦では6月5、6、7日頃）、またはその日から90°に達する日の前日までの約15日間（現行暦では第1日目をさす）をいう。

芒種とは、稲や麦など芒のある穀物の種を播く時節という意味である。梅雨入りの前で、現在は早まったが昔は田植えを始める時期であった。雨の日が続き、農家は稲の植付けや麦の刈入れで多忙を極める時期である。

Bōshu (Grain Beards and Seeds)

With the rainy season approaching, the weather tends to be wet at this time of year, and farmers are busy in the fields, planting rice and harvesting crops.

＊花／金糸梅・山紫陽花　＊器／須恵器　＊掛物／烏丸光廣 短冊「六月の雲」

須恵器が持つ素朴感や自然釉の深い味わいは、花をより一層引き立ててくれる。
金糸梅は雄蕊の花糸が黄色く、花の形が梅の花に似たところから付けられた名である。
紫陽花は梅雨の時期に最も風情漂う花。青い山紫陽花は、夏を迎える時節に涼感をよぶ。

Hypericum Patulum and Hydrangea Serrata
Sueki ancient pottery Hanging scroll / Poem by KARASUMA Mitsuhiro

蓴菜酢 _{じゅんさいず}

蓴菜は池や沼に生えるスイレン科の多年生水草で、若い茎や葉や芽は寒天状の粘質物に包まれ、これを摘んで食用とする。現存する最古の歌集『万葉集』に「沼縄」として記述があるほど古くから日本の池や沼で自生する。世界的にもアジア、オーストラリア、北米、アフリカに分布する。

昔は京都が本場とされ、中でも深泥池には一万年以上前から自生しており、最高品質の蓴菜が豊富に採れたが、水質汚染や環境の変化など様々な要因で激減した。現在は東北地方などが主な産地であり、池などで栽培もされている。

蟷螂生 <ruby>蟷螂生<rt>とうろうしょうず</rt></ruby>

［芒種／初候］6/6 ～ 6/10 頃
蟷螂が<ruby>卵嚢<rt>らんのう</rt></ruby>から次々に生まれ出る時節。
<ruby>蟷螂<rt>とうろう</rt></ruby>＝かまきり

Tōrō Shōzu
Baby mantises hatch from their eggs.

器：<ruby>吹硝子葉鉢<rt>ふきがらす</rt></ruby>／石井康治
Leaf-shaped bowl, hand-blown glass／ISHII Kōji

料理は、「吸い物や味噌汁の実」「酢の物」
「甘味」などに用いる。

京ことばで「じゅんさいな」というと、
「ええかげんな」「どっちつかず」「はっ
きりしない」「てきとうな」などを意味
する。

Junsaizu
Salad of *junsai* (water shield) with vinegar
dressing. *Junsai*, an aquatic plant from the
lily family, can be found growing in ponds
and lakes, and has long been considered
a delicacy in Kyoto. In this refreshing
salad, it is served chilled with cucumber
and other ingredients.

鮒鮨茶漬

鮒鮨とは、ニゴロブナを用いた馴鮨の一つ。子持ちのニゴロブナの鱗・鰓・内臓（子は残す）を除き、腹にも塩を詰め3か月から1年ほど塩漬にする。水で洗い水気をよくきってから、樽に腹に飯を詰めたニゴロブナと飯を交互に重ね、重石をかけ3か月から1年間ほど漬け込み、乳酸発酵させる。発酵を促すために米麹や酒

腐草爲螢 <small>ふそうほたるとなる</small>

［芒種／次候］6/11 ～ 6/15 頃

腐った草が蒸れ、蛍となる時節。すなわち、この時節に腐った草などの下から、蛹から孵化した蛍が夕闇を知り光を発し始めることをいう。腐草＝腐った草

Fusō Hotaru to Naru

Fireflies emerge from chrysalises hidden in the rotten grass.

* 青織部長四方向付／北大路魯山人
* 土瓶・湯呑／高木岩華
* 八郎手蓋茶碗／須田菁華

Rectangular plates, Oribe-style green glaze/
KITAŌJI Rosanjin
Teapot and teacup/TAKAGI Ganka
Bowl with lid, *hachirōde*-style red overglaze/
SUDA Seika

粕、酒や焼酎などを加える場合もある。
「鮒鮨」は平安時代の『延喜式』(132頁参照)
に記述があり、江戸時代には幕府御用達
となった近江の名産品である。
京料理において鮒鮨は昭和後期まで「口
取り」や「八寸」で最も頻繁に用いられた
酒肴の一つで、御飯にも合うことから茶
漬けなどにもする。

Funazushi Chazuke
Rice with green tea and *funazushi*
(fermented crucian carp sushi). *Funazushi*
is traditionally served as a side dish, but is
also delicious when eaten as *chazuke*, made
by pouring green tea over rice.

梅子黄 うめのみきなり

［芒種／末候］6/16 〜 6/20 頃
梅の実が黄ばんで熟す時節。梅子＝梅の実

Ume no Mi Kinari
The plums grow ripe in the trees and turn yellow.

胡瓜もみ

じめじめした梅雨や蒸し暑い時期に、京都ではよく胡瓜もみを食する。胡瓜もみのサクサクした食感とサッパリした味わいは食欲のない時分でも食べやすい。和える食材を変えながらせんど食卓に並ぶ。

和える食材は若布、茗荷、焼いたおあげさん（油揚げ）、ちりめんじゃこ、揚げ麩、湯葉、蛸などがある。また、鱧の皮を付焼きにし細切りにしたものや、鰻の蒲焼きを切って和える料理（鰻ざく）もある。胡瓜は小口切りにして、3％程度の塩水に漬け、しんなりしたら流水でサッと洗い絞って用いるか、若しくは胡瓜を縦二つに切り、種の部分を除き斜めに刻んで塩水に浸け、しんなりしたら布巾に包んで何度も揉みながら堅く絞る。
和える酢は昆布出汁に米酢、淡口醤油、少量の砂糖を合わせ用いる。

Kyūrimomi
Sliced cucumber with vinegar dressing.
A refreshing dish as the weather grows humid, combining cucumber with ingredients such as seaweed, *myoga* ginger and deep-fried bean curd. The dressing is made by mixing kelp stock with vinegar, light soy sauce and a pinch of sugar.

器：オールドバカラ三種（手前からシャトーブリアン、シュバリエ、フォントネ）
Antique crystal ware; Chateaubriant, Chevalier, Fontenay (bottom to top) / Baccarat

夏　至
げ　し

午の月の「中」で、太陽の黄経が90°に達した日（新暦では6月21、22日頃）、またはその日から105°に達する日の前日までの約15日間（現行暦では第1日目をさす）をいう。

太陽は天の赤道から最も北に離れ、北半球では一年中で昼の時間が最も長く、夜の時間が最も短くなる。北極圏では終日太陽は地平線下に没することはなく、白夜となる。これに反し、南半球では昼間は最短、夜間は最長となり、南極圏では終日太陽は地平線下にあり姿を現すことはない。

北海道を除く日本では、夏至の前後およそ20日ずつが梅雨期間となることが多い。夏至以前の梅雨期間の雨量はさほど多くなく、しとしとと長雨が続くき、夏至以後は集中豪雨のように大雨が断続的に降ることが多いとされる。また、ほとんど雨の降らない空（洞・乾）梅雨となる年もある。このように夏至は日本の季節の特徴である雨期の中心になっている。

Geshi (**Summer Solstice**)

The summer solstice is the longest day of the year, when the sun reaches the highest point in the sky. In most parts of Japan, it falls roughly in the middle of the rainy season.

＊花／縞葦・泡盛升麻・岩菲・嫁菜・蛍袋・竹島百合・撫子・薄紅夏椿・山紫陽花
＊器／時代宝珠形手籠
全体にふっくら円みを帯びた手籠は、夏の草花を入れると優美な味わいが増し雅やかに映る。
籠花入と時節の花々が渾然一体となるように入れ、夏野の賑わいを表出した。

Phalaris Arundinacea, Astilbe, Lychnis Coronata, Aster, Chinese Rampion, Takeshima Lily, Fringed Pink, Japanese Stewartia and Hydrangea Serrata
Round hand basket, antique

和交

室町時代の「和交」は、細切りの烏賊と
鰹節を混ぜ酒に浸したものだった。江戸
時代に入り、魚介の干物を削って生姜や
独活を混ぜ酒や酢で和えたものとなり、
江戸時代後期には、椎茸・大根・人参・
揚げ麩・芹などを胡麻酢で和える精進な
ますとなった。現在の「和交」は、胡瓜と
干し椎茸を胡麻和えや胡麻酢和えにした

乃東枯 ないとうかるる

［夏至／初候］6/21 〜 6/26 頃
草木いずれも繁茂する中で、夏枯草（靫草）
のみが枯れていく時節。乃東＝夏枯草の古
名。

Naitō Karuru
While other plants grow in abundance, the
prunella vulgaris (self-heal) withers.

もので、揚げ麩、大根、人参、干し柿などを加えることもある。

胡瓜は縦二つに切り種の部分を除き、斜めに刻み3％ほどの塩水に浸す。しんなりしたら布巾に包んで、俎の上でゴリゴリと揉んで絞ることを繰り返し、かたく絞る。干し椎茸は水に浸けて戻し、戻し汁で煮込んで、砂糖・濃口醤油を加えて煮含め、細切りにして布巾でギュッと絞る。胡麻を煎ってよく擂り、煮切り酒でのばし淡口醤油と少量の砂糖と米酢を加え調味し、絞った胡瓜と椎茸を和える。

Aemaze

Sliced cucumber and dried shiitake
mushroom with sesame vinegar dressing.

器：獅子丸金襴赤絵鉢／永楽妙全
Bowl, gold on red overglaze, lion and circle design／EIRAKU Myōzen

器：競い馬鉢／藤平 伸
Bowl, horse-riding design／FUJIHIRA Shin

菖蒲華 _{しょうぶはなさく}

［夏至／次候］ 6/27 〜 7/1 頃
菖蒲の花が咲き始める時節。

Shōbu Hana Saku
Japanese irises begin to bloom.

鱧のおとし

京都の七月（旧暦六月）は、京の町衆の祭りとして受け継がれてきた祇園祭一色となり、鱧の生命力に肖って健康長寿を願う。

京都盆地の夏は、甚だ以て蒸し暑い。鱧の湯引きを京都では「鱧の切り落とし」とか「鱧の落とし」と呼び、その涼やかで淡泊な旨味は京都人の愛するところ。料理は新鮮な鱧をきっちりと骨切りし、直ちに90℃程の塩湯にくぐらせることが肝心である。

梅肉を裏漉して煮切り酒と煮切り味醂でのばし、少量の淡口醤油を加えたものでサッパリ食するのが一般的だが、二杯酢に大根おろしを合わせ刻み葱と一味唐辛子を加えたおろし酢（霙酢）や三杯酢もよい。

Hamo no Otoshi

Parboiled conger pike. Deboned *hamo* (conger pike) is cooked quickly in salt water just below boiling point, and served with a tart pickled-plum sauce.

半夏生 <ruby>半夏生<rt>はんげしょうず</rt></ruby>

[夏至／末候] 7/2 〜 7/6 頃

からすびしゃくが生え始める頃で、田植え
もそろそろ終わりになる時節。半夏＝か
らすびしゃく。サトイモ科の多年草で、地
下茎の塊状部分を半夏といい、漢方では
鎮咳、去痰、利尿、健胃等々に用いられる。
＊半夏生は雑説として暦に記載されている

Hange Shōzu

Crow-dipper begins to sprout, and the rice-
planting is almost finished.

牡丹鱧 <ruby>牡丹鱧<rt>ぼたんはも</rt></ruby>

「祇園祭」は「ハモ祭」とも呼ばれるほど、
京都で最も鱧を食する時節である。その
鱧料理の代表格が「牡丹鱧」。鱧は多く
の小骨があるため「骨切り」をしてから
料理をする。

「骨切り」は、開いた鱧の身を俎に皮を
ピッタリとはりつけ、専用の鱧切り包丁
で皮一枚を残し薄く切り込みを入れてゆ
く。一寸に二十六の切り込みを入れるの
が一人前の料理人とされる。

骨切りした鱧をお椀の大きさに合わせて
切り、「葛打ち（葛たたき）」をする。「葛
打ち」とは、吉野本葛を細かく砕いて篩
にかけ、刷毛で丁寧に骨切りした鱧の身
一枚一枚に葛粉を塗すこと。煮えた昆布
出汁に塩を加え、葛打ちした鱧を入れる
と、皮が縮んでフワッと白い牡丹の花が
開いたようになる。これを椀に盛り吸地
をはった椀物が、夏の京料理を代表する
「牡丹鱧の煮物椀」である。

Botan Hamo

Conger pike in clear soup. Deboned fillets
are dusted with kudzu root starch and
placed in a bowl of hot kelp stock, causing
them to bloom like flowering white peony.

器：時代輪島塗 宝相華蒔絵平碗
Antique lacquered flat bowl, Wajima style, arabesque pattern in maki-e

小暑

<ruby>小<rt>しょう</rt></ruby> <ruby>暑<rt>しょ</rt></ruby>

未の月の「節」で、太陽の黄経が 105°に達した日（新暦では 7 月 7、8 日頃）、またはその日から 120°に達する日の前日までの約 15 日間（現行暦では第 1 日目をさす）をいう。
小暑より暑気に入り、暑中見舞いの季節となる。小暑の前後に梅雨が明けることが多く、暑さは日毎に増し、盛夏期の暑さを迎える。蓮の花が咲き始める頃である。

Shōsho (Lesser Heat)

A hot season, when temperatures are approaching their summer peak. *Shōsho* often coincides roughly with the end of the rainy season, and the heat increases steadily by the day.

＊花／夏椿・島蛍袋　＊器／硝子滝掛花入 鍋田尚男
夏椿は、古田織部が珍重した花。涼しげで気品のある容姿には、爽やかさが漂う。
蛍袋は淡い紅紫色だが、島蛍袋は白花で花が小さく気品がある。
奥山にある滝を想わせるガラスの掛け花入が、より一層涼感を誘う。

Japanese Stewartia and Chinese Rampion
Glass wall vase, waterfall design / NABETA Hisao

鱧寿司

鱧は生命力が強く、海が遠かった京都の町まで生きた状態で運ぶことが出来たため、京料理において夏の主たる食材のひとつとなった。

鱧の名は鋭い歯で、魚類・甲殻類・烏賊・蛸などを貪欲に補食するすることから「食む」に由来するという。

この時期は、錦市場やデパ地下、スーパーなどで、焼鱧がズラリと並ぶ。新鮮なうちに焼くことで、鮮度落ちを防ぎ美味しさを保つことができる。

焼鱧は骨切りした鱧を適当な長さに切り、串を打って素焼にし、かけ醤油を2〜3回かけて焼き上げる。かけ醤油は濃口醤油・味醂・酒を同量に合わせて用いる。先ず味醂と酒を鍋に入れて火にかけ

温風至 <ruby>温風至<rt>おんぷういたる</rt></ruby>

［小暑／初候］7/7 〜 7/11 頃

盛夏の候となり、あたたかい風が吹いてく
る時節。温風＝真夏から夏の末にかけて吹
く暖かい風。「うんぷう」「あつかぜ」とも
読む。

Ompū Itaru
Summer has truly arrived, and warm winds
blow.

器：黒唐津四方板皿／西岡良弘
Black square plate, Karatsu style／
NISHIOKA Yoshihiro

煮切り、濃口醤油を加え一煮立ちしたら
火を止める。
焼鱧は「源平焼（白焼きと付焼き）」など
の焼物のほか、「鱧寿司」「鱧丼」「胡瓜
との酢の物（はもきゅう）」などに用いる。
「鱧寿司」は祇園祭の時節に食卓に上るほ
か、この季節の高級手土産としても用い
られる。

Hamozushi
Conger pike sushi. Boned fillets are grilled
on skewers while being glazed with
a mixture of soy sauce, *mirin* and sake,
then put over vinegared rice. This dish
is often served during the famous Gion
Matsuri festival.

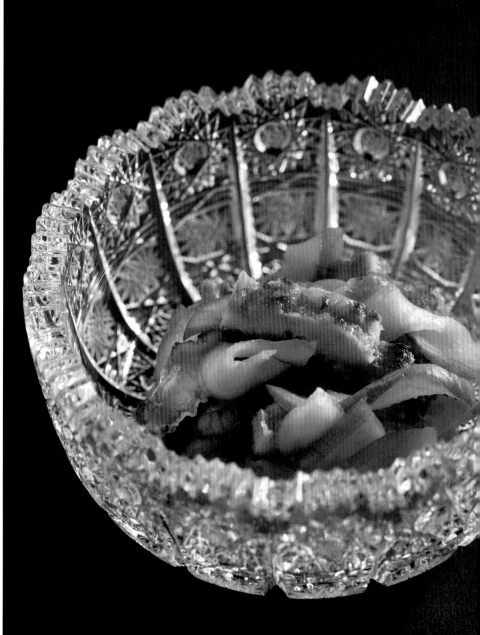

器：ボヘミアン切子向付
Cup, Bohemian-style cut glass

焼鱧と雷干瓜

「雷干瓜」は、江戸時代の幾つかの料理書に記載がある。白瓜（青瓜）の両端を切り、種の部分をくり抜いて除き、螺旋状に長くつなげて切り、2〜2.5％ほどの塩水に浸けてしんなりしたら、紐に掛けて半干しにする。これを適切な長さに切り、合わせ酢に浸ける。合わせ酢は出汁に昆布をさし、味醂、淡口醤油、米酢を加えて一度煮立て冷まして用いる。

「雷干瓜」の名の由来は、干した形が稲妻に似ているからとか、噛んだ時のバリバリという音を落雷の音にたとえたなど諸説ある。京都では、桂瓜を用いて「雷干瓜」を作る。適切な大きさに切った「焼鱧」とともに器に盛付けた。

Yakihamo to Kaminariboshiuri

Broiled conger pike and pickled melon cucumber. Slices of semi-dried melon cucumber (below) are pickled in a vinegar mixture, then mixed with bite-sized pieces of broiled conger pike.

桂瓜雷干

桂瓜

蓮始華 はすはじめてはなさく

［小暑／次候］7/12 〜 7/16 頃

蓮の花が咲き始める時節。

Hasu Hajimete Hanasaku

The lotus flowers begin to bloom.

鷹乃学習 <ruby>鷹乃学習<rt>たかすなわちがくしゅうす</rt></ruby>

[小暑／末候] 7/17 〜 7/22 頃

今年生まれた鷹の幼鳥が、飛ぶことを覚えて空に舞い上がる時節。

Taka Sunawachi Gakushūsu
Young hawks born earlier in the year take to the sky.

賀茂茄子

鴫焼き

賀茂茄子と山科唐辛子の揚げ出し

山城国最初の総合的地誌『雍州府志』は、1684年(貞享元)に黒川道祐によって編纂されたが、それによると「なすはいろいろな所で産するが、丸くて大きいのがよく、洛東河原のものが特によい」との記述がある。洛東河原は現在の三条から出町柳の鴨川河原をさし、吉田・田中あたりの丸茄子の品質が最も優れていたとされる。

もともとは下鳥羽の芹川で栽培された丸茄子を大芹川と呼び、これが洛東河原に移りさらに大きな丸茄子に改良され、明治時代に上賀茂で栽培されるようになり「賀茂茄子」と呼ぶようになったといわれている。「賀茂茄子」は肉質が緻密で締まっているため、「揚げる」「焼く」「蒸す」などの料理法がよい。

揚げ出汁は、「賀茂茄子」を適切な大きさに切り、所々竹串を刺して油でじっくり揚げる。「山科唐辛子」に竹串を通しサッと揚げ、「賀茂茄子」とともに器に盛り、出汁に味醂と淡口醤油で吸い加減に調味した汁をはり、大根おろしを添える。

「鴫焼き」は江戸時代の料理書にみられる「鴫壺焼」の現在の形で、「賀茂茄子田楽」のことである。輪切りにした「賀茂茄子」に串を打ち油を塗りながら焼き、田楽味噌を塗り焼きあげる。

Kamo Nasu to Yamashina Tōgarashi no Agedashi
Deep-fried Kamo aubergine (above left) and Yamashina peppers in stock, topped with grated daikon radish.

器：布目銀彩色絵桐紋蓋碗／永楽和全
Bowl with lid, silver on colourful overglaze,
paulownia leaf pattern／EIRAKU Wazen

大暑

<ruby>大<rt>たい</rt></ruby> <ruby>暑<rt>しょ</rt></ruby>

未の月の「中」で、太陽の黄経が120°に達した日（新暦では7月22、23、24日頃）、またはその日から135°に達する日の前日までの約15日間（現行暦では第1日目をさす）をいう。

大暑は、一年中で最も気温の高い酷暑の時期で、夏の季節最後の二十四節気である。夏土用の期間にあたり、<ruby>丑<rt>うし</rt></ruby>の日には鰻を食べる慣わしがある。油蝉が鳴き、<ruby>蜻蛉<rt>とんぼ</rt></ruby>が飛び交い、桐の<ruby>蕾<rt>つぼみ</rt></ruby>がつき始める頃である。

Taisho (**Greater Heat**)

In the 24 solar terms, *Taisho* is the final term of summer, and traditionally the hottest period of the year. Cicadas sing, dragonflies buzz through the air, and the paulownias begin to bud.

＊花／<ruby>木槿<rt>むくげ</rt></ruby>（<ruby>宗旦<rt>そうたん</rt></ruby>）・<ruby>団扇縷紅草<rt>うちわるこうそう</rt></ruby>　＊器／鮎籠

木槿は中国中部原産として、江戸時代には各地で盛んに栽培された。
宗旦木槿は底紅の中小輪で、千宗旦が茶席に初めて入れたとされる。
縷紅草の名は花色が赤いという意味で、団扇縷紅草は丸葉縷紅草とも呼ばれる。
涼しげな鮎籠に木槿を入れ、風流に縷紅草の蔓を垂らした。

Hollyhock and Star Glory
Bamboo sweetfish catcher

鹿ヶ谷かぼちゃ

毎年7月25日、鹿ヶ谷の安楽寺で鹿ヶ谷かぼちゃ供養が行われる。昔は京都でかぼちゃといえば「鹿ヶ谷かぼちゃ」のことをさし、鹿ヶ谷一帯が鹿ヶ谷かぼちゃの産地であった。

江戸時代に、安楽寺の真空上人が、夏土用にかぼちゃを供養すれば病からのがれられるとの夢のお告げを受け、仏前に供えて供養し食したという。

1800年代に粟田村の農民が津軽から持ち帰ったかぼちゃの種を鹿ヶ谷の農民に分け与え栽培したのが始まりとされ、菊南京が数年のうちに瓢箪形になったと伝えられる。現在は衣笠、鷹ヶ峯、太秦などで栽培され、西京南京とも呼ばれる。

鹿ヶ谷かぼちゃは主にくびれの下部を用

器：瓜鉢／樂十二代 弘入
Bowl / Kōnyū, 12th generation of Raku kiln

桐始結華 <small>きりはじめてはなをむすぶ</small>

［大暑／初候］7/23 ～ 7/28 頃
桐の花が結実して、卵形で固い実がなり始
める時節。

Kiri Hajimete Hana o Musubu
The paulownias start to produce fruits.

鹿ヶ谷かぼちゃ

Shishigatani Kabocha
Shishigatani pumpkin. The hourglass-shaped Shishigatani pumpkin (above) is an heirloom variety long cultivated in Kyoto. Here, the lower portion is deseeded and partially peeled, then simmered in stock with sake, and seasoned with sugar and light soy sauce.

い料理する。種を除き適切な大きさに切って適度に皮を剥き、出汁に酒を加え落とし蓋をして火にかける。かぼちゃに火が通ったら砂糖、淡口醤油で強めの吸い加減に調味し、さらにじんわり煮含める。くびれの上部は一旦油で揚げ、熱湯をくぐらせてから吸い加減強めの出汁に追いかつおをして煮含めるとよい。

器：金襴手六角鉢／三浦竹軒
Hexagonal bowl, gold brocade pattern / MIURA Chikuken

鰻豆腐

土用とは本来、立春・立夏・立秋・立冬の前の約18日間のことで、一年間に4回あるが、現在では一般に夏土用のみをさすようになった。土用に入る日を「土用入り」、土用が終わる日を「土用明け」といい、夏土用は「暑中」と呼び、暑中見舞いをだす期間である。また土用の期間中は土気を司る土公神が支配するため、土を動かすと祟りがあるとされ、埋葬、庭などの造作、竈の修造、井戸掘り・井戸替え、壁塗り、柱立などが凶とされた。ただし、文殊菩薩のはからいにより全ての土公神が清涼山に集められる間日を設け、土を動かしても祟りがない日とした。

昔から夏土用には、「土用鰻」「土用餅」「土用蜆」「土用玉子」などの食養生の慣わしがある。現在一般に最も行われているのが、江戸時代後期に平賀源内が知人の鰻屋に頼まれ「土用の丑の日に鰻を食べると暑さ負けしない」と宣伝した土用鰻である。

「鰻豆腐」は、豆腐の水気をきり擂りつぶして、小麦粉・卵を加えてすり混ぜ、笹がきにした新牛蒡を混ぜ合わす。流し缶に入れ、鰻の白焼きをのせて余熱した天火（オーブン）で焼き上げ、付焼きにして粉山椒をふりかける。適切な大きさに切り分け供す。

Unagi Dōfu
Broiled eel and tofu. Grilled eel, traditionally eaten at the height of summer, is placed over a paste made from tofu mixed with wheat flour, egg and new burdock, and baked in the oven.

土潤溽暑 つちうるおいてじょくしょす

[大暑／次候] 7/29 〜 8/2 頃
土がじっとり湿り気を帯び。蒸し暑くなる時節。

Tsuchi Uruoite Jokushosu
The ground is moist and the atmosphere is muggy.

大雨時行 たいうときどきおこなう

[大暑／末候] **8/3 ～ 8/6 頃**
時として大雨が降る時節。

Taiu Tokidoki Okonau
A season of intermittent heavy rain.

右手前から時計回りに万願寺、鷹ヶ峯、田中（山科）、
伏見

Chirimen Aotō
Baby sardines and green chilies. Deseeded
green chilies are chopped into thin strips,
fried in oil, and cooked together with baby
sardines in a reduction of stock flavoured
with sake, light soy sauce and *mirin*.

ちりめん青唐（じゃこ唐辛子）

唐辛子はメキシコやペルーなどの熱帯ア
メリカが原産で、日本への伝播は 16 世
紀とされ、1542 年（天文 11）ポルトガル
人の南蛮船が中国の港を経て長崎にもた
らした。あるいは秀吉の朝鮮出兵の際
に持ち帰ったなどの諸説があり、「唐の
芥子」「南蛮胡椒」「高麗胡椒」などの名
称があった。その後、明治に欧米から甘
い唐辛子など多くの品種が導入された。
辛味成分カプサイシンの多少により、辛
味種と甘味種がある。
「青唐」とは唐辛子の未熟果のことで、
京都では、「伏見」「田中（山科）」「鷹ヶ
峯」「万願寺」などの品種がある。「伏見
唐辛子」は細長い形状で、最初に伝来し
た品種とされる。「田中唐辛子」は皺が
多く濃緑色で、「獅子唐辛子」と呼ばれ、
山科で栽培されるようになり「山科唐辛
子」と呼ばれるようになった。鷹ヶ峯唐
辛子は肉厚でやや細長い形状で、皮肌に
はりがある。「万願寺唐辛子」は、大き
くピーマンを細長くしたような形状。
栄養素はビタミンA、ビタミンB1、ビタ
ミンB2、ビタミンC などを豊富に含む。
料理は、油焼にして醤油を塗し鰹節をか
けたり、天麩羅にしたり、ちりめんじゃ
こと炊いたりする。
「ちりめん青唐」は、「青唐」の種を除い
て細切りにし、油で炒め、ちりめんじゃ
こを入れて、お酒に味醂と淡口醤油を加
えた調味汁で煮汁がなくなるまで炊く。

器：百合向付／樂七代 長入
Lily-shaped cup／Chōnyū, 7th generation of Raku kiln

立　秋
<ruby>立<rt>りっ</rt></ruby><ruby>秋<rt>しゅう</rt></ruby>

立秋とは申の月の「節」で、夏から秋に移る節分の翌日である。太陽の黄経が 135°に達した日（新暦では8月7、8日頃）、またはその日から150°に達する日の前日までの約15日間（現行暦では第1日目をさす）をいう。

立秋から暦の上では秋の季節となるが、実際には平均気温は高温のピークとなる時期である。立秋より「暑中見舞い」は「残暑見舞い」へと変わる。日もしだいに短くなり、朝夕にそよぐ風、雲の形などに秋の気配が漂い始める。

Risshū (Beginning of Autumn)

Although temperatures typically reach their annual peak at this time of year, the days are already becoming shorter, and the cloud shapes and morning and evening winds indicate that autumn is on the way.

＊花／泡盛升麻・金銀木（瓢箪木）　＊器／信楽瓢形花入

泡盛升麻は日本の原産種で、名は花序が白い泡の集まりに似ていることによる。
金銀木の花は初めは白く後に黄色になり、入り交じって咲く様子からのその名がある。
果実は赤く小さな二つの実が引っ付き瓢箪のように見えるところから瓢箪木とも呼ばれる。
花の頃は金銀木、実の頃は瓢箪木と呼ぶと分かりやすい。

Astilbe and Lonicera Morrowii
Hourglass-shaped vase, Shigaraki ware

涼風至 りょうふういたる

[立秋／初候] 8/7 〜 8/12 頃
涼しい風が立ち始める時節。

Ryōfū Itaru
Cool winds start to blow.

豇豆

豇豆湯葉巻 ささげゆばまき

豇豆は若い莢や熟した種子（豆）を食用とする。日本では「ヤッコササゲ」や「ジュウロクササゲ」などがある。「ヤッコササゲ」は莢が12〜20cmで、物をささ（捧）げる手のように上を向いてつく。この姿が名称となったとされる。「ジュウロクササゲ」は莢が長く垂れ下がり、1mを超す品種もある。

京都の柊野豇豆は、「三尺ササゲ」とも呼ばれ、莢の長さは90cmほどになる。お盆には胡麻和えや煮物にして仏前に供える。

湯葉は大豆加工食品で、豆乳を静かに加熱し表面に生じた皮膜をすくい上げたもので、生湯葉と干湯葉があり、京料理で頻繁に用いられる食品の一つである。

料理は、茹でて昆布出汁で薄味にサッと炊いた豇豆を芯にして、生平湯葉で巻き、串を打って炭火で付焼きにする。かけ醤油は、酒・醤油・味醂を同量合わせる。

Sasage Yubamaki
Cowpeas wrapped with tofu skin.
Cowpeas (left) lightly cooked in kelp stock arewrapped with fresh tofu skin, then grilled on a skewer, and seasoned with soy sauce mixed with sake and *mirin*.

器：＊備前火襷手鉢／北大路魯山人
　　＊備前牡丹餅小皿／藤原雄
Handled bowl, Bizen style, rice-straw ash glaze/
KITAŌJI Rosanjin
Small plates, Bizen style, rice cakes pattern/
FUJIWARA Yū

器：春海好金縁藍色被鉢／バカラ製
Blue layered glass bowl, Shunkai taste, golden rim / Baccarat

精進炊合せ
<ruby>精進炊合せ<rt>しょうじんたきあ</rt></ruby>

京都ではお盆の間（13〜16日）、仏前に精進膳を供える。旧家では、四日間の献立を決め代々受け継いでいるところも少なくない。生臭物は避け、出汁には昆布や干椎茸の戻し汁などを用いる。

料理は、里芋と高野豆腐と椎茸の炊き合わせで、青みに絹莢を添えた。山で自生する山芋に対して、里で栽培される里芋。京都の丹後・浜詰で栽培される里芋は、白く木目が細かく上質である。里芋は皮を剥いて水に晒し、昆布を敷いた鍋に入れ、水とその二割ほどの酒をヒタヒタに入れて藻塩を加え火にかける。煮立ってきたら弱火で煮込み、火が通ったら煮きり味醂と淡口醤油で調味し炊きあげる。

高野豆腐は高野山で初めて作られ、「凍り（氷）豆腐」「凍豆腐」「凝豆腐」などともいう。本来、豆腐を厳寒期に夜間戸外で凍結させ、解凍乾燥させた伝統的保存食品で、タンパク質・脂肪・カルシウムに富む。以前はひもに括られ干されたものが、乾物屋で販売されていた。

高野豆腐は湯に浸けて戻し、水にとって手でしぼり、再び水に浸け絞る。濁った水がでなくなるまで繰り返し、昆布出汁に砂糖・藻塩・淡口醤油で調味し、煮含める。但し、現在の機械による冷凍・脱水・乾燥製法によるものは、湯もどしせず調理するものが多くなった。

椎茸は様々な品種があるが、肉厚で半開の冬菇を干したものを用いる。干椎茸は生と比較すると保存でき、旨味・香りが増しビタミンＤを多く含む。戻し汁は精進出汁として用いる。

干椎茸は、洗って一晩水に浸け落とし蓋をして戻し、浸け汁と共に鍋に入れ、酒を加えて火にかける。灰汁を除き、砂糖と淡口醤油で調味し煮含める。

絹莢はサッと茹でて水にとり、昆布出汁に砂糖・藻塩・淡口醤油で調味した煮汁で、サッと炊く。

寒蟬鳴<ruby>寒蟬鳴<rt>かんせんなく</rt></ruby>

[立秋／次候] 8/13 〜 8/17 頃
ひぐらしが鳴き始める時節。寒蟬＝ひぐらし

Kansen Naku
Evening cicadas start to sing.

Shōjin Takiawase
Food served together as part of
a traditional *shōjin* vegetarian diet.
Taro, freeze-dried tofu (*kōya dōfu*) and
rehydrated shiitake mushrooms are cooked
separately, then served together, with snow
peas to provide added colour.

109

オクラが日本へ渡来したのは、比較的最近のことで明治初年とされる。「アメリカネリ」「陸蓮根」とも呼ばれ、菜っ葉類の少ない夏場には、京料理において和え物、汁物、天麩羅、煮物など様々な料理に用いられる。

蓮根は「ハス」「ハスネ」「ハチスノネ」などとも呼ばれ、日本でも古くより池や沼などで食用として栽培されている。現代は夏場に早生物が出回る。

料理は蓮根の皮を剥き、擂りおろして軽く絞り、少量の藻塩を加える。絞り汁の上澄みを除き、底に溜まったデンプンと小麦粉をすりおろした蓮根に混ぜ、一口大にまとめて油で揚げる。サッと熱湯に潜らせ油抜きをして冷ます。

蒙霧升降 もうむしょうごう

[立秋／末候] 8/18 ～ 8/22 頃

濃い霧がまとわりつくように立ち込める時節。蒙霧＝もうもうと立ち込める霧。

Mōmu Shōgō

Thick fog clings to the landscape.

オクラは縦半分に切り、サッと茹で冷水にとり、種を除き水気をきって包丁で細かく叩く。これに藻塩と淡口醤油でやや濃いめの吸い加減に調味した出汁を冷やして混ぜながら加える。器に、「蓮餅」を盛り、冷やしたオクラ汁を注ぎ入れる。「苔清水」とは、苔に覆われた岩の間を伝わり流れる、湧き出た清らかな水のこと。

Hasumochi Kokeshimizu

Bite-sized balls of grated lotus root are fried in oil and allowed to cool, then served in a soup containing finely chopped okra.

器：銀溜塗平椀
Lacquered flat bowl, silver underlayer

処暑

<ruby>処<rt>しょ</rt></ruby><ruby>暑<rt>しょ</rt></ruby>

申の月の「中」で、太陽の黄経が150°に達した日（新暦では8月22、23、24日頃）、またはその日から165°に達する日の前日までの約15日間（現行暦では第1日目をさす）をいう。

処暑とは「<ruby>暑<rt>しょ</rt></ruby><ruby>気<rt>き</rt></ruby><ruby>止<rt>し</rt></ruby><ruby>息<rt>そく</rt></ruby>する」という意味で、暑さも漸くおさまり、綿の花が開き、穀物が実り始め、収穫期も近くなる。昔からこの頃は二百十日と並び、台風襲来の特異日とされ、暴風や大雨にみまわれることがある。

Shosho (**Manageable Heat**)
The summer heat finally starts to abate. The cotton flowers come into bloom, the grains begin to ripen, and harvest season approaches. Typhoons and heavy rains are also not uncommon at this time of year.

＊花／<ruby>天南星<rt>てんなんしょう</rt></ruby>　＊器／藤平 伸
天南星の花期は春から夏で、やがて実を結ぶ。根茎は生薬とし漢方で用いられる。駱駝の足のような不思議な形状の花器に奇妙な果実、「山の守り神」という別称も如何にも空想的で昔話やファンタジーにでてきそうである。

Arisaema
Vase／FUJIHIRA Shin

器：遠山菊谷鉢／永楽和全
Bowl, mountain view and chrysanthemum valley design / EIRAKU Wazen

綿柎開 めんぷひらく

［処暑／初候］8/23 〜 8/27 頃
綿菅の綿毛が開き始める時節。柎＝「はなしべ」は古訓で、花の萼をいう。

Mempu Hiraku
Cotton flowers begin to bloom.

白和

「白和」とは、豆腐を和衣にした和え物をいう。現在は主に精進物を和えるが、室町時代や江戸時代は魚介類（鮑・数の子・海鼠など）も用いられていた。

京都では、季節がもたらす食材を用いて白和を作る。
春から夏には薇・えんどう豆・一寸豆など、秋から冬はきのこ類・柿・林檎・菠薐草など、季節を問わず、鹿尾菜・胡桃・干椎茸・蒟蒻などを彩りを考えて和える。
基本的に果物やナッツ類以外の具材は、薄味に調味して和える。
和衣は、豆腐を布に包み重しをかけて水分を抜き、擂り鉢でよく擂り、あたり胡麻（胡麻ペースト）・溶き芥子・砂糖・淡口醤油で薄味に調味する。酢または柑橘（酢橘・香母酢・橙・檸檬等）の搾り汁を少し加え、白酢和にしてもよい。よく擂り混ぜたら裏漉して用いる。

この季節の具材は、人参・干椎茸・蒟蒻・蓮根・三度豆などに下味をつけ白和にする。

Shira-ae
Salad of cooked seasonal vegetables mixed with tofu paste. At this time of year, the ingredients may include carrots, dried shiitake mushrooms, *konjak* jelly, lotus root and green beans.

天地始粛 てんちはじめてしゅくす

［処暑／次候］8/28 〜 9/1 頃
ようやく暑さも鎮まる時節。粛＝は古訓で、
おとろえる・ちぢむの意。

Tenchi Hajimete Shukusu
The summer heat begins to abate.

蛸柔煮

蛸は、西洋ではデビル・フィッシュなどと
いわれ、イタリア・スペイン・ギリシャ・
メキシコなど一部の地方を除くと外国で
食用の習慣はなかった。
日本では古くより食され、蛸薬師の伝説
などもあり好意的である。近年は外国で
も食用にするところが増えている。

日本の真蛸は、身が硬く締まり滋味溢れ
る食材である。
柔かく炊くには、蒸煮（鉢蒸）にする。活
蛸は臓物・目・口を除き、塩を塗しよく揉
んで吸盤の汚れをきれいに落とし、水で
洗い流す。足と胴体を切り離し足を一本
ずつ切り離す。

器：染付龍紋鉢／永楽保全
Bowl, dragon pattern in cobalt／EIRAKU Hozen

鍋に昆布を敷き蛸、大根、へぎ生姜を入
れ、炭酸水と酒（3割ほど）を注ぎ入れて
火にかけ、砂糖・醤油（濃口・淡口同量）
で調味し、蓋付容器に移す。蒸気の上がっ
た蒸し器に入れ、中火で2時間半ほど蒸
す。冷めてから適切な大きさに切り分け
盛り付ける。

Tako Yawarakani

Soft-cooked octopus. Octopus, daikon
radish and cut ginger are placed in a pot
lined with kelp, and boiled together with
soda water and sake, then transferred to
a lidded container and steamed for 2½
hours. Served cool, chopped into bite-sized
pieces.

茄子の丸炊

茄子は初夏から秋にかけてが旬で、その姿や光沢のある濃い紫色は日本人の美意識にかなっており、古くより俳句や絵画の題材とされた。また、「成す・為す」につながる縁起物としても好まれ、その味わいも嗜好に合い、8世紀には栽培されていた。

1310年（延慶3）頃に編纂されたという、『夫木和歌抄』の中で詠まれた歌「秋なすび醅（新酒）の粕につきまぜてよめにはくれじ棚に置くとも」から「秋茄子は嫁に食わすな」の諺となった。

現在、日本各地で150を超える在来品種があり、京都では「賀茂茄子」「捥ぎ茄子」「山科茄子」などが有名。

器：秋野之画南京青磁平鉢／清風与平
Flat bowl, Nanjing celadon, autumn scenery design／SEIFU Yohei

丸炊きにする茄子は、大きいものは種子が気になるので、中くらいの大きさの地茄子を用いる。洗ってヘタを切り、昆布を敷いた鍋に入れ、出汁と３割ほどの酒をヒタヒタに注ぎ火にかける。煮立ってきたら醤油（濃口・淡口同量）と味醂で調味し、追い鰹を加え落とし蓋をし、半時間ほどじっくり煮含める。

Nasu no Marudaki
Simmered aubergine. Whole aubergines with the calyxes removed are placed in a pot lined with kelp, and simmered in a broth seasoned with soy sauce, sake, *mirin* and bonito flakes.

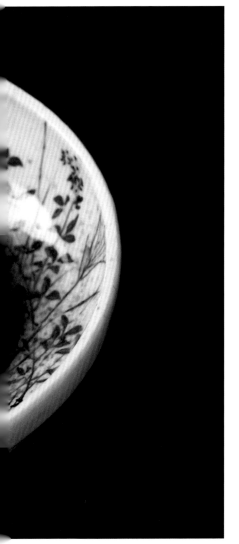

禾乃登 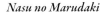 くわすなわちみのる

［処暑／末候］ 9/2 ～ 9/7 頃
稲が実る時節。禾＝稲の意。登＝成熟する。

Kuwa Sunawachi Minoru
Rice plants reach maturity.

白 露

<ruby>白<rt>は</rt></ruby><ruby>露<rt>く</rt></ruby> ろ

酉の月の「節」で、太陽の黄経が165°に達した日(新暦では9月8、9日頃)、またはその日から180°(秋分点)に達する日の前日までの約15日間(現行暦では第1日目をさす)をいう。
白露とは、夜間に気温が下がり大気中の水蒸気が露となって野草に宿る事象をいう。このしらつゆが秋の趣をひとしお漂わす。この頃から漸く秋気が加わる。

Hakuro (White Dew)

The temperatures drop at night, causing water vapour in the air to become dew that clings to the grass. These white dewdrops offer one of the first tastes of autumn.

＊花／菊の被綿　＊器／萩焼石畳文花入
真綿に菊の露や香を含ませ、その綿で体を拭い千年の長寿を願う。
白・黄・赤各3本づつ9本を入れるが、器との調和をはかり2本ずつとした。
白花には黄色の被綿に赤色の蕊、黄花には赤色の被綿に白色の蕊、
赤花には白色の被綿に黄色の蕊を配する。

Chrysanthemum covered with silk wadding
Vase, tiled floor pattern, Hagi ware

草露白 そうろしろし

［白露／初候］9/8 〜 9/12 頃
草に降りた露が白く光って見える時節。

Sōro Shiroshi
White dewdrops glisten on the grass.

芋茎

芋茎とおあげさん
芋茎とは里芋の葉柄のことで、赤芋茎のほか、「ダツ」と呼ばれる白芋茎がある。赤芋茎は多肥、多灌水により葉柄が長く柔らかくなるよう栽培する。白芋茎は茎を菰や紙で巻き、太陽光を遮り栽培する。他に表面が緑色で里芋とは別種の、葉柄のみを食用とする「ハスイモ（シロイモ）」がある。

京都では通常、赤芋茎の細いものを用いる。皮を剥いて干した芋茎は「いもがら」と呼ばれ常備しておく。「いもがら」は水に浸けて戻し、茹でてから充分水に晒し、アクを抜いてから調理する。赤芋茎は、「酢芋茎」「胡麻和」「味噌和」「汁の実」などにするか、おあげさん（油揚げ）と炊くことが多い。

料理は、芋茎の皮を剥いて酢水に浸け、茹でて水に晒し、一寸弱に切る。おあげさんは熱湯をかけ、芋茎と同じ大きさに切る。芋茎とおあげさんを鍋に入れ、じゃこ（いりこ）出汁をヒタヒタに加え火にかけ、煮立ってきたら砂糖と淡口醤油で加減し、落とし蓋をして10分間ほど炊く。

Zuiki to Oagesan
Taro stem and deep-fried bean curd. Taro stems (above left) are peeled, immersed in vinegar water, and finely cut. They are then cooked in dried sardine stock with strips of deep-fried bean curd, and seasoned with sugar and light soy sauce.

器：乾山写秋草鉢／白井半七
Bowl, Kenzan style, autumn flower design／SHIRAI Hanshichi

秋刀魚幽庵焼
さんまゆうあんやき

細長い魚体が白銀色に光る姿を刀身に見
しろがね　　　　　　　　　　　とうしん
立て、当てた漢字が「秋刀魚」。
程好く皮に焦げ目がついた秋刀魚が食卓
に並ぶと、秋の到来を実感する。
炭火で秋刀魚を焼く時にたつ煙の匂い
や、その味わいは日本人の心に染み入る
ものである。

夏の終わり頃から北海道沖で始まる秋刀
魚漁は、秋の深まりとともに南下し、そ

れに伴い魚体に脂がのってくる。
秋刀魚を料理するには、鮮度のよいもの
を選ぶことが何よりも肝心である。鮮度
が落ちたものは、腹が破れたり皮が剥け
たりする。新鮮なものは、目が澄み、魚
体は鱗が残り青紫に光り輝き、腹がしっ
かりして身に張りがある。吻（口の先）
　　　　　　　　　　　　　　ふん
が黄色いものは脂ののりがよい。

昔は一般に、家庭で七輪の炭火の上に金

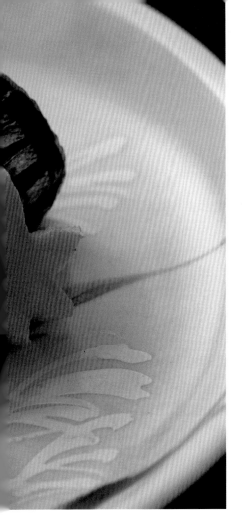

鶺鴒鳴 せきれいなく

[白露／次候] 9/13 〜 9/17 頃

小川や沼などの水辺で、鶺鴒が鳴き始める
時節。鶺鴒＝スズメ目セキレイ科に属する
小鳥の総称

Sekirei Naku
Wagtails start to sing on the banks of
streams and ponds.

網をのせ、塩を振りかけた秋刀魚を団扇
で扇ぎながら焼いて、酢橘や檸檬を搾り
かけ、少し醤油をかけた大根おろしと一
緒に食べた。

ここでは、秋刀魚を三枚におろし、腹骨
をすきとり血合い骨を抜き、皮に細かく
包丁を入れ幽庵地に浸けて焼いた。幽庵
汁は酒3・味醂1・濃口醤油1の割合で合
わせ、半時間ほど浸け、両端折に串を打っ
て炭火で焼きあげる。

Sanma Yūanyaki
Grilled saury, *yūan* style. The fish is cut
into three pieces and its skin finely scored
with a kitchen knife. After marinating in
yūan sauce, made with sake, *mirin* and soy
sauce, it is grilled on skewers over a high
heat.

器：倣仁清 月に薄画皿／永楽妙全
Plate, Ninsei style, moon design, overglaze
illustrations/EIRAKU Myōzen

器：古赤絵写四方向付／川瀬竹春
Square cup, retrospective style, red overglaze/KAWASE Chikushun

氈瓜と鴨の炊合せ

氈瓜は冬瓜の古称。京料理では夏から秋にかけて用いる。日本では 931（承平元）～ 938（天慶元）に編纂された辞書『倭名類聚抄』に記載があり、平安時代に栽培されている。若い果実には毛があり、熟すにつれて脱落する。氈瓜の名は、果実の表面の毛を毛氈に喩えたことに因る。また、貯蔵性があり、冬に至るまで品質を保つので冬瓜の名がある。

鴨には数多の種類があり、日本では鳥獣保護法により、鴨類14種を含む鳥類30種、獣類17種の捕獲が許可されている。鴨猟は網猟と銃猟があり、日没後の猟は鳥獣保護法で禁じられている。

鴨が集まり易いように樹木を植え小島などを作って外界と隔てた池を「鴨場」といい、鴨場猟はおとりのアヒルをつかいながら引堀に誘導して、飛び立つところを叉手網ですくう。すくい損ねて飛び立った鴨は鷹を放って捕らせたりする。鴨場は江戸中期に幕府や各大名家などによってつくられた社交場でもあったが、明治に入って次第に姿を消した。宮内庁によって伝統的鴨猟の保存が図られ、現在では宮内庁所有の鴨場が千葉県市川市の新浜と埼玉県越谷市に残るのみである。

氈瓜は茹でてから、出汁で炊いて味醂と淡口醤油で調味し煮含める。

鴨の抱き身は5mmの厚さに切り、細かく包丁を入れ刷毛で葛粉を塗し、熱湯にくぐらせ水にとる。鍋に昆布を敷き酒を入れ、味醂と淡口醤油を合わせた煮汁を煮立て、鴨肉をサッと炊く。器に盛り合わせ、粉山椒をふる。

玄鳥去 げんちょうさる

[白露／末候] 9/18 ～ 9/22 頃
玄鳥が南へ帰っていく時節。玄鳥＝燕の異称。

Genchō Saru
Swallows migrate to the south.

Kamouri to Kamo no Takiawase
Cooked white gourd and duck meat. Thin slices of duck breast are cooked quickly in sake flavoured with kelp, *mirin* and light soy sauce, then served together with cooked white gourd.

秋分

しゅうぶん

酉の月の「中」で、太陽の黄経が180°（秋分点）
に達した日（新暦では9月23、24日頃）、または
その日から195°に達する日の前日までの15日
間（現行暦では第1日目をさす）をいう。

二至（夏至・冬至）二分（春分・秋分）の一つと
して四季の中央におかれ、この日、黄道に沿っ
て運航する太陽が天の赤道を北から南へ通過す
る。秋分の日は秋の彼岸の中日で、太陽が真東
から昇って真西に沈み、昼と夜の時間がほぼ等
しくなる。この日を境にして冬至まで昼の時間
がしだいに短くなり、夜の時間が長くなっていく。
暑さも峠を越してしのぎやすくなるが、秋分は
春分より10℃以上も気温が高い所が多く、天
文学的条件は同じでも前の季節からの影響によ
り大きな違いとなる。

Shūbun (Autumnal Equinox)

On the day of the autumnal equinox, the sun
rises due east and sets due west, and day and
night are of almost equal length. From now on,
the days gradually grow shorter and the nights
longer, though temperatures are often 10℃
higher than at the vernal equinox.

＊花／高砂百合・水引・女郎花・秋明菊・秋海棠　＊器／時代手付籠
色々な花々が互いにほどよく調和し、全体がととのうように手付籠に入れて秋の野の風情を表現した。

Takasago Lily, Polygonum Filiforme, Patrinia Scabiosaefolia, Anemone Hupehensis and Begonia Evansiana
Handled basket, antique

器：金襴手兎文鉢／永楽和全
Bowl, gold brocade pattern, rabbit design／EIRAKU Wazen

きごしょう

全国的にはあまり唐辛子の葉を食べる風習はないが、京都では古くから食用にしている。青唐辛子の葉は「木胡椒」「木の庄」「葉唐辛子」などと呼ばれ、他に葉を食用にするため開発された「京唐菜」がある。

「きごしょう」は、収穫後の青唐辛子の茎を根元から抜いたもので、多くの葉と共に小さな実や白い小花が付いた状態で束にして出荷される。葉は柔らかく独特の風味を有し、この時期の京都人の楽しみでもある。

「きごしょう」の炊き方は、枝から摘み取った葉や小さい実を3〜4分間茹で、暫く水に晒し灰汁を抜く。これを絞って鍋に入れ出汁と2割ほどの酒をヒタヒタに入れて火にかけ、煮立ってきたら少量の砂糖と淡口醤油を加えやや強めの吸い加減に調味し、弱火で半時間ほどかけて煮汁が少なくなるまでじっくりと炊き上げる。

Kigoshō

Though this is rarely seen elsewhere in Japan, Kyoto has a long tradition of cooking chili leaves (left) . In this dish, the leaves are blanched, then cooked in stock together with sake, sugar and light soy sauce.

きごしょう

雷乃収声 らいすなわちこえをおさむ

[秋分／初候] 9/23 〜 9/27 頃
雷が鳴り響かなくなる時節。

Rai Sunawachi Koe o Osamu
The sound of thunder is no longer heard.

蟄虫坏戸 ちっちゅうこをはいす

[秋分／次候] 9/28 〜 10/2 頃

虫が土中に籠るため、作った穴をふさぐ時節。蟄虫＝土の中にいる虫。坏＝土で隙間を塞ぐ。

Chicchū Ko o Haisu

Insects burrow into holes in the ground.

鮭親子飯

鮭は河川を上るところを捕獲しやすく、古くから食用とされていた。

秋田県子吉川流域の各遺跡から多くの鮭石（魚文刻石）が発見され、長野県北相木川上流の栃原遺跡などで多くの鮭骨が出土している。鳥取市鷺山古墳や大阪府八尾市から出土した銅鐸に鮭らしい魚が描かれている。古代の人々は鮭の帰郷本能に霊的なものを感じ、神の恵みの魚として晴れの日にふさわしい食物とした。やがて、新巻鮭を歳暮の贈答品や年越魚とする慣わしが生まれた。

平安時代には貢物として京都に多くの鮭が運ばれた。905年（延喜5）に編纂を開始し、927年（延長3）に完成した平安時代の法令集である『延喜式』によると、生鮭のほか、楚割（魚肉を割いた干物）、鮭子、氷頭（頭部の軟骨）などが食用とされていた。江戸時代の鮭漁も河川での漁獲が大部分であった。種川制度は人工孵化法が導入される以前、川に遡上した鮭の産卵を保護し、その繁殖を図った制度。最初に新潟県三面川で村上藩が行い、本州、北海道の各河川に広まり、明治まで続けられた。

鮭鱒缶詰製造は、1875年（明治8）に関沢明清（のちの水産伝習所長）が渡米しアメリカの製造技術を学び、帰国後政府に建議し始まった。以前は、産地から離れた地域で生鮭の調理は難しかったが、冷凍技術の進歩に伴い全国各地で塩蔵でない鮭の調理が可能となった。

「すじこ」とは、鮭の腹を裂いて卵嚢を取り出し塩漬けにしたもの。「イクラ」とは、産卵直前の鮭の卵を人工的に絞り出し塩漬けにしたもの。「めふん」とは、鮭の腎臓の塩辛。「ささめ」とは、鮭の鰓の塩蔵品。鮭は骨を除くほとんどの部分を食用としてきた。

サケ科サケ属には、「サケ」「カラフトマス」「サクラマス（河川残留型はヤマメ）」「ベニザケ（湖水型はヒメマス）」「マスノスケ」「ギンザケ」「ビワマス（河川残留型はアマゴ）」の7種がある。

日本沿岸には「トキシラズ」が5月頃に宮崎県気仙沼沿岸に現れ、5月下旬から7月にかけて北海道沿岸を来遊する。9月から翌年1月に「アキザケ」が来遊し、北海道、東北地方沿岸に来遊し川を上る。

「鮭親子飯」は、炊飯釜に昆布を敷いて洗米を入れ、水に2割ほどの酒を合わせて淡口醤油を適量加え、塩焼きにした鮭の身をほぐし入れて炊飯し、炊き上がりに刻んだ三つ葉と共にイクラを入れる。

器：赤金炊飯釜
Copper rice cooker

Sake Oyakomeshi

Rice with salmon and salmon roe. Rice is cooked together with kelp, sake, light soy sauce and flakes of grilled, salted salmon fillet. It is served topped with salmon roe and chopped chervil or water dropwort.

松茸とかしわの鍋（鋤焼）

1697年（元禄10）刊に医師・人見必大が著した本草書『本朝食鑑』には「松茸、郡の諸山にもっとも多し、肥大、香美でとりわけ北山のものがすぐれている」。『雍州府志』（94頁参照）には「洛西竜安寺のものが風味、香りともにすぐれ、よそのものははるかに及ばない」。1709年（宝永6）に貝原益軒が著した『大和本草』では「山

城の産が最高で、はなはだ多い。京畿には、め松が多く、松茸も多い」と記されており、江戸時代には、京都の地山で上質な松茸が豊富に採れていたことがうかがえる。昭和になってからも、周山辺りでかなり採れ、味わい香りは最上級の品質とされた。その頃の晴れ食、あるいは客人をもてなす料理として「松茸とかし

わの鍋（鋤焼）」がある。かしわをつぶして切り分け、鍋にかしわの脂をしいて肉を焼き、酒を入れ砂糖・醤油で調味し、松茸を裂いて炊きながら食する。

長年にわたり、松茸栽培の研究努力がなされる中、安定的に供給可能な人工栽培法が未だに確立されないことは、自然界からの忠告のようにも思える。

Matsutake to Kashiwa no Nabe (Sukiyaki)
Sukiyaki of chicken and *matsutake* mushrooms. Pieces of chicken are fried in a hotpot with chicken fat, and seasoned with sake, sugar and soy sauce, then simmered together with torn *matsutake* mushrooms.

器：青釉鍋
Pot, green glaze

水始涸 みずはじめてかる

［秋分／末候］ 10/3 〜 10/7 頃
水田の水を干し始め、収穫に備える時節。
涸＝水が尽きてなくなる。

Mizu Hajimete Karu
Farmers start to drain the rice fields in preparation for harvest.

寒露

<ruby>寒<rt>かん</rt></ruby><ruby>露<rt>ろ</rt></ruby>

戌の月の「節」で、太陽の黄経が195°に達した日（新暦では10月8、9日頃）、またはその日から210°に達する日の前日までの約15日間（現行暦では第1日目をさす）をいう。

寒露とは、野草に宿る露が寒冷にあって凝結する意味で、秋の深まりを思わせる。この頃には、五穀の収穫も闌となり、山野は晩秋の色を帯び、朝晩は肌寒さを感じる時期となる。菊が咲き始め、秋の虫の音が聴こえだす季節である。

Kanro (Cold Dew)

Kanro is the peak harvest season. The mountain pastures are the colour of late autumn, and a chill can be felt in the morning and evening air. Chrysanthemums begin to bloom, and the sound of autumn insects can be heard.

＊花／秋明菊・白式部　＊器／萩焼竹形花入
秋明菊は京都では貴船菊と呼ぶ。品の良い一重咲きの白色のものに、白式部を添えることで、秋の爽やかさが漂う。

Anemone Hupehensis and Callicarpa Albibacca
Bamboo-shaped vase, Hagi ware

鴻雁来 <ruby>こうがんきたる<rt></rt></ruby>

［寒露／初候］ **10/8 〜 10/12 頃**
雁が飛来し始める時節。鴻雁＝秋に飛来
する渡り鳥の雁。「鴻」はがんの大形、「雁」
はがんの小形のものをいう。

Kōgan Kitaru
Migrating wild geese begin to return.

萩糝薯

江戸期の多くの料理書には「鱧しんじょ」
「鯛しんじょ」「甘鯛しんじょ」「きすしん
じょ」「平めしんじょ」「海老しんじょ」
「芋しんじょ（おろした山の芋に豆腐をす
り混ぜ小麦粉を加えたもの）」「鹿子しん
じょ（しんじょにすじこを混ぜたもの）」
ほか多種のしんじょの記載がある。
要するに魚のすり身に山の芋を擦りおろ
して加え、蒸したり煮たりし凝固させた
もので、卵白や昆布出汁で溶いた葛粉や
小麦粉や浮粉を擦り混ぜることもある。
「萩糝薯」は、柔らかく茹でた小豆を萩の
花に、銀杏を萩の葉に見立てた季節を表
現する料理である。

Hagi Shinjo
Fish cake made from fish paste mixed with
Japanese yam, which is steamed or boiled,
then served in broth. In a seasonal touch,
soft-boiled adzuki beans and ginkgo nuts
are added, to symbolise the flowers and
leaves of Japanese bush clover.

器：時代鴨芒蒔絵吸物椀
Antique soup bowl, duck and awn design in *maki-e*

器：布目葉形皿
Leaf-shaped plate, textured finish

菊花開 きくかひらく

[寒露／次候] 10/13 〜 10/17 頃
菊の花が咲き始める時節。

Kikuka Hiraku
Chrysanthemums start to bloom.

秋の口取り

実りの秋を迎え、食材も豊かになる。柿は「秋」そのものを印象付ける木の実で、柿の香合に柿なますを盛り、美しい柿の照葉を敷き、口取り肴を盛り付けた。卵黄を味噌漬けにし、求肥昆布を蔕に抜き、揚げ蕎麦を枝に見立てた「柿玉子」「丹波栗の渋皮煮」「塩煎り銀杏と塩蒸し零余子の松葉打ち」「鴨ロース」「捥ぎ茄子の揚浸し」「人参を裏漉して葡萄酒で炊いた紅葉羊羹」「甘藷の檸檬煮」「車海老の宮崎キャビア射込み」「丹波平茸の含め煮」「黄葉銀杏焼通」「秋刀魚山椒煮」「パン巻燻鮭ムース」、これらを盛り込み深まりゆく秋を描出した。

日本人は遠い昔から、季節がもたらす恵みに感謝し、こまやかな感性を研ぎ、独自の美意識を培ってきた。季節の移ろいを伝える京料理を受け継ぎ、はるかなる未来へ繋がれば幸いである。

Aki no Kuchidori

Assorted autumn delicacies. *Kuchidori* is served at the beginning of a multi-course meal. This assortment features a range of autumn produce, such as: mock persimmon made from egg yolk; boiled chestnut; roast duck; and saury simmered with Japanese pepper.

蟋蟀在戸 しっそくこにあり

［寒露／末候］10/18 〜 10/22 頃
蟋蟀が戸にあって鳴く時節。蟋蟀＝きりぎ
りす。「しっしゅつ」「しっそつ」ともいう。
一説には、こおろぎの異名とも。

Shissoku Ko ni Ari
Grasshoppers (crickets) can be heard
chirping outside the door.

丸玉子豆腐の椀盛

ニホンスッポンは、上方では「丸」、関
東では「蓋」と呼ばれ、「川龜」「泥龜」
などの呼び名もある。
平安時代初期、697年（文武天皇元年）に
編纂された勅撰史書である『続日本紀』
9月条に、近江国より白鱉を献じた記録
があるが食用にされたかは不明である。
一般にスッポンが食べられるようになっ
たのは、京都では天和・貞享年間（1681
〜 1688）、江戸では宝暦年間（1751 〜
1764）頃といわれている。
スッポンの養殖は 1879年（明治12）、服
部倉次郎により東京で始められ、養殖場
を静岡県舞阪町（現浜松市）に移し、次
第に施設を拡張した。浜名湖のスッポン
は天然飼育されており、国内有数の生産
量を誇る。
スッポンの養成池には露地池と温室池が
あり、露地池は天然に近く、水温が 15℃
以下になると砂泥に潜り冬眠し、800g 程
に成長させるのに 4 〜 5 年を要する。餌は
魚粉を主成分とした配合飼料を用いるこ
とが多い。近年、大分県内水面漁業試験
場で成功した温室池での養殖は、飼育水
温を30℃以上に保つ方法で、12か月の飼
育で800g 程に成長させることが出来る。
味わいは天然ものが最もよく、その旬は
産卵前の10月から翌年4月の冬眠期とさ
れる。スッポンは栄養価が高く、滋養強
壮・美容によく美味である。肉のみでは
なく、甲羅の周りのエンペラにはコラー
ゲンが豊富にあり、内臓も食用とされ、
生き血を酒で割って飲んだり、生き肝や
心臓も補血や強壮剤として食される。

料理法はスッポンの首を摑み出刃包丁で
胴体から切り離し、血を採り、関節に出刃
包丁を入れて身をほどき、内臓を外す。
70℃ 程の湯に浸け、身や甲羅の薄皮を除
く。鍋に昆布を敷き、スッポンの身、甲
羅、内臓を入れ、水 7：酒 3 を加え火にか
け、煮立ってきたら灰汁を除き半時間炊
いて、淡口醤油を加え調味する。道楽で
は骨を全て取り除き、椀物や鍋物に仕立
てる。薬味に、洗い葱や芽葱、露生姜を
用いる。
十三夜「後の月」の時節、玉子豆腐を月
に見立てた椀盛である。

Marutamagodōfu no Wanmori
Egg tofu with soft-shelled turtle. The
turtle's flesh, shell and viscera are placed in
a pot lined with kelp, and cooked in a 7:3
mixture of water and sake, seasoned with
light soy sauce. After being deboned, this is
served in a bowl with a round piece of egg
tofu, to symbolise the full moon.

器：時代柿栗蒔絵椀
Antique lacquered bowl, persimmon and chestnut design in *maki-e*

霜　降

<ruby>霜<rt>そう</rt></ruby>　<ruby>降<rt>こう</rt></ruby>

戌の月の「中」で、太陽の黄経が 210°に達した日（新暦では 10月 23、24日頃）、またはその日から 225°に達する日の前日までの約 15日間（現行暦では第 1日目をさす）をいう。
霜降とは霜が降りる時節という意味で、晴夜に気温が低下し氷点下になると、水蒸気が地表に凝結し霜となる。秋のもの寂しい風趣が漂い、冬の到来が感じられる秋の季節最後の二十四節気である。

Sōkō (Frost Falls)

During the final term of autumn in the 24 solar terms, the temperatures drop under clear night skies, bringing the first frosts of the season.
A melancholy atmosphere takes hold, as people start to feel that winter has arrived.

＊花／糸薄・深山杜鵑草・犬蓼　＊器／伊賀焼耳付花入
北山の山深いところの薄や杜鵑草、照葉の犬蓼。
秋闌ける侘びた風情と野趣豊かな空気感を醸す。

Threadleaf Eulalia, Toad Lily and Persicaria Longiseta
Vase with handles, Iga ware

鯖ずし

江戸時代の料理書の「鯖ずし（鯖鮓・鯖鮨）」は、酢を使わず飯で漬け込み発酵させた姿ずしと、〆鯖にして箱ずしにし1日程で食するものとがあった。1802年（享和2）杉野駁華が著した米料理の専門書『名飯部類』鮓の部によると、「…人々の好悪ありて衆人に適難し…」とあり、一般にはあまり好まれなかった。

一方、若狭丹後地方の塩鯖を水に晒し塩抜き後、酢洗いし酢飯を用い「…筥桶に入並らべ蓋制圧鎮例のごとくにして後切出す…」との記述もあり、現代の「バッテラ」に近いものもあった。

道楽では秋から春先にかけて「真鯖」を用い、夏場は「ごま鯖」を用いる。鯖を三枚におろし、腹骨をすき取り血合い骨

霜始降 しもはじめてふる

［霜降／初候］**10/23 〜 10/27 頃**
田園にも霜が降り始める時節。

Shimo Hajimete Furu
The first frost settles on the fields.

を抜き皮を剝ぎとる。

藻塩を焼物よりやや強めに当て（腹の薄い部分は少なめに）1〜2時間おき、米酢に砂糖・昆布を加えた酢に半時間ほど浸けて締め、血合い部分を切り取る。すし飯に擂り胡麻を加え、棒ずしを握り、炊いた白板昆布をのせ竹の皮などで包み少し重しをのせしばらくおいて切り出す。

Sabazushi

Mackerel sushi. The fish is sliced into three fillets, salted and left to sit for 1-2 hours, then marinated in rice vinegar mixed with kelp and sugar. This is placed over rice and wrapped, then a weight is gently applied to make pressed sushi.

器：古染付芙蓉手皿
Plate, *kosometsuke* style, cobalt underglaze

霎時施 <ruby>霎<rt>しぐれ</rt></ruby><ruby>時<rt>とき</rt></ruby>どき<ruby>施<rt>ほどこ</rt></ruby>す

［霜降／次候］10/28 ～ 11/1 頃

秋も終わりとなる頃で、小雨がしとしとと
降ってわびしい時節。霎＝<ruby>霎<rt>しぐれ</rt></ruby>こさめ。施＝広
い範囲に行き渡らせる。

Shigure Tokidoki Hodokosu

Autumn has almost finished, and a soft,
sad drizzle falls.

器：向付 <ruby>絵志野遊<rt>えしの ゆう</rt></ruby><ruby>鳥 紋<rt>ちょうもん</rt></ruby>向付
時代<ruby>根来塗<rt>ねごろぬり</rt></ruby>四つ椀　<ruby>根来塗折敷<rt>ねごろぬりおしき</rt></ruby>
Square bowl, Shino style, bird design
Set of four lacquered bowls, Negoro style
Lacquered tray, Negoro style

<ruby>開炉<rt>かいろ</rt></ruby>の<ruby>懐石膳<rt>かいせきぜん</rt></ruby>

秋<ruby>闌<rt>た</rt></ruby>ける頃、冬を迎えるため<ruby>塞<rt>ふさ</rt></ruby>いであっ
た炉を開く。炉開きは茶の湯の正月とさ
れ、茶人はめでたく祝う。五月に摘み取
られ壺に納められた新茶は夏を越して味
わいも深まり、茶壺の封を切って茶臼で
ひいて用いる。茶人は季節のもたらす味
わいに敏感で、細やかな情緒を尊び、ふ
かぶかとした心情を大切にする。

日本料理特有の温かな漆器の感触、蓋を
あけると湯気と共にに立ちのぼる豊かな
香りは、この季節からの楽しみである。
向付は鯛の昆布締め。2kg 弱の明石鯛を

そぎ切りにし、薄く藻塩をあて、酒でサッと洗って昆布で挟み、軽く圧して半時間から1時間ほどおき、二つ折りにして盛り付ける。岩茸は何度も茹でこぼしアクを抜き、石づきを除いて薄味に炊く。菊花はサッとゆで旨酢に浸ける。配膳の直前に山葵をすりおろして留め、煮切り酒2：淡口醤油2：柚子か橙の絞り汁1.5を合わせて器に注ぎ入れる。炊きたての蒸らし前のご飯をつけ、汁の実を温めて合わせ味噌の汁をはり、溶き辛子を落とす。ここまでを淀みなく手早く進め、充分に水を含ませた赤杉の箸をサッと拭い膳にかけ、できたてを運び出し「どうぞお箸お取あげを」と挨拶してさがる。

燗鍋と盃台を持ち出し一献目の酒をすすめ燗鍋をもってさがる。飯器を持って入り、汁替えをする。

煮物椀は、必ず椀に湯をはり温めてから椀種を盛り、吸地をはる。煮物椀を運び終えたら、「どうぞお熱いうちに御召し上がりいただきますように」と挨拶してさがる。燗鍋を持ち出し二献目の酒をすすめ、燗鍋を末客に預けて下がる。

焼物の魚が焼けたら、湯をはって温めておいた鉢に盛り付け、水に浸けておいた竹箸を拭い鉢にかけて運び出す。

その後二度目の飯器を持ち出し勝手の方でお相伴する旨を伝え、「御用がございましたらお手お鳴らしいただきますように」と挨拶して下がり、水屋でサッサと食事を済ませる。

頃合いをみて茶道口を開け、飯器、焼物

鉢、燗鍋を下げて、箸洗い（小吸物）を持ち出す。温めた小吸物椀を拭き、汁の実を入れ、煮えた湯に昆布をサッと浸けて引き上げた湯を少なめにはる。箸洗い（小吸物）を出したら煮物椀を下げ「どうぞお吸い上げを」と挨拶してさがる。

水に浸けた木地の八寸盆を拭い、海のものと山のものを盛り付け、竹箸を拭い八寸盆にかけおき、燗鍋と共に持ち出し三献目の酒をすすめる。小吸物椀の蓋に先ず海のものをとり、正客の盃を拝借し各々と酒を酌み交わし、次に山のものをとり、酒を酌み交わす（千鳥の盃）。納盃の挨拶をして八寸と燗鍋を下げたら、脇引に湯斗と香の物をのせ湯の子すくいを添えて持ち出し「お湯が足りませんときは、お手お鳴らしいただきますように」と挨拶して下がる。

客が箸を膳の内に落とす音を合図に、茶道口をあけ、挨拶して膳を引きに出る。その後、縁高に主菓子を盛って持ち出し、茶道口で「どうぞお菓子御召し上がりになりましたら、一度席中を改めとうございますので、暫時中立をお願い申し上げます」と挨拶する。

懐石の形式も流派により、様様な流儀が伝えられている。

Kairo no Kaisekizen

Tea ceremony dishes to celebrate *Robiraki*, known as New Year for tea lovers, when the hearth is opened and tea leaves picked in the spring are ready to be enjoyed.

Kakinamasu

Persimmon in sweet vinegar. Thinly sliced
persimmon is seasoned with *mirin*, then
mixed with daikon radish and carrot in
a sweet vinegar dressing.

器：竜田川透向附／華光山窯
Openwork cup, Tatsutagawa river design／Kakōzan kiln

柿なます

柿なますとは、柿を細切りにし味醂を混ぜたものに、甘酢に浸けた大根や人参などを和えた料理である。

柿の原生地は、日本・中国・朝鮮などといわれるが定かではない。栽培は中国が最も古く紀元前の儒教経典『礼記』に記載がある。日本での栽培も古く、918年（延喜18）頃刊の『本草和名』に「加岐」、『和名類聚抄』（127頁参照）に「賀岐」と記されている。『延喜式』（132頁参照）によれば、宮廷でも栽培されたとされる。南北朝末期から室町前期の間の作とされる『庭訓往来』に「樹淡」「木練」は甘柿、「かき」は渋柿を意味したとされ、熟柿や串柿の記載もある。17世紀後半の『雍州府志』（94頁参照）に「木練」「五所柿」「筆柿」「渋柿」「木醂柿」「醂柿」「鈎柿」「転柿」がみえ、品種や脱渋法、干し柿乾燥法などが紹介され、また同じ頃の農業書には「木練」「御所柿」などの品種がみえる。18〜19世紀になると品種も増え続け、1803年（享和3）刊の『本草綱目啓蒙』には200余品種ありとされ、1902年（明治35）に設立された農務省農事試験場園芸部は「富有」「次郎」「平種無」「横野」などの優良品種を紹介した。昭和初期には800〜1000種の品種があるとされた。

沖縄と北海道を除く日本全土で栽培でき、果樹園としての近代的栽培が始まったのは大正初期ころからとされる。

柿の渋味が感じなくなる現象を脱渋といい、甘柿と渋柿の差は脱渋の早晩による。柿の渋味はシブオールで、可溶性の状態にあれば渋く、不溶性であれば甘い。果実の発育に伴って、甘柿はシブオールの

楓蔦黄 ふうかつきなり

［霜降／末候］11/2 〜 11/6 頃
紅葉や蔦の葉が黄葉する時節。

Fūkatsu Kinaru
The maple leaves and ivy turn yellow.

不溶化が早くからおきるが、渋柿は熟柿になるまでおきない。「さわし柿」は人為的にアセトアルデヒドなどの生成を促し不溶性にしたもののこと。酒精脱渋法は昔は酒樽に清酒を用いて脱渋していたため樽抜法ともいう。今日では酒精（エタノール、エチルアルコール）に漬けて処理した柿をビニール袋などを用いて密閉し脱渋する。焼酎やウイスキーを用いても可能である。温湯脱渋法は45℃の温湯に十数時間浸ける。このほか、炭酸ガス脱渋法など数種がある。

干し柿は渋柿を堅いうちに収穫して皮を剥き、天日で乾燥させて甘くしたもの。干し方によって「串柿」「転柿」「つるし柿」などと呼ぶ。3〜4週間干して取り込み、揉んで柔らかくし（芯切り）3〜4日風に当てずに置き、再び3〜4日天日乾燥させて取り込む。これを2〜3回繰り返し、稲藁と交互に重ね蓄えると白い粉（ブドウ糖、果糖）がふいてくる。干し柿の二次加工として徳島の「巻柿」などがある。「柿渋」は若い果実や豆柿を潰して搾汁をとり、自然発酵させ、1〜2年冷暗所で熟成させた上澄み液である。漆器の下塗りや渋紙などに用いられる。

<ruby>立<rt>りっ</rt></ruby> <ruby>冬<rt>とう</rt></ruby>

亥の月の「節」で、春から夏に移る節分の翌日である。太陽の黄経が225°に達した日（新暦では11月7、8日頃）、またはその日から240°に達する日の前日までの約15日間（現行暦では第1日目をさす）をいい、暦の上では季節は冬となる。冬の季節風第1号（木枯し1号）が吹き出す頃で、京都盆地北部では「北山<ruby>時雨<rt>しぐれ</rt></ruby>」と呼ばれる冷たい小雨がにわかに降る季節である。空気も冷たさが増し、<ruby>錦秋<rt>きんしゅう</rt></ruby>の頃となる。

Rittō (**Beginning of Winter**)

The first cold winter winds begin to blow,
and in the northern parts of Kyoto, cold rains
known as "Kitayama showers" fall.

＊花／<ruby>白蓼<rt>しろたて</rt></ruby>、<ruby>青葛藤<rt>あおつづらふじ</rt></ruby>　＊器／竹一重切花入 銘 <ruby>冬山家<rt>ふゆやまが</rt></ruby>／立花大亀
蔓につく黒紫の実は、深まる秋の野趣と来る冬の静けさを伝える。
つづらとは蔓を意味し、葛籠はこの蔓で編んだ籠で、
<ruby>葛折<rt>つづらお</rt></ruby>りは葛藤の蔓のように折れ曲がった山道などを意味する。

Polygonum and Cocculus Orbiculatus
Bamboo, single slit
Titled "Fuyu yamaga (withered winter mountains)" by TACHIBANA Daiki

山茶始開 さんちゃはじめてひらく

［立冬／初候］ 11/7 ～ 11/11 頃

山茶花の花が咲き始める時節。時雨の頃にあたり、その鮮やかな紅が印象的である。

Sancha Hajimete Hiraku

Sasanqua camellias start to bloom, creating striking colours when the rain falls.

鶉粟蒸し うずらあわむし

「粟蒸し」は、材料に粟を塗したりのせたりして蒸す料理のことで、『素人庖丁』初編（21頁参照）や1819年（文政2）刊の山音亭（越吉郎兵衛）による精進料理専門書『精進献立集』、1834年（天保5）に東籬亭が編纂した料理献立帳『早見献立帳』などに記述があり、精進料理では、栗・長芋・岩茸などを用いた。あんかけにしたものもみられる。

日本では、昔から鶉は高級食材とされ、朝廷や武家の礼式の際に、付焼にした鶉

に羽や尾を添え鶉が飛び立つような形に盛り付け、「鶉羽盛」として供された。

江戸時代には上流階級の間で「鶉合せ」という遊びが流行した。これは雄の鶉を持ち寄って鳴き声の優劣を競うものであった。巾着に入れて持ち運ぶことから「巾着鶉」「鳴き鶉」などと呼ばれる「飼い鶉」が多かった。この鶉合せの慣わしは、1960年（昭和35）頃には途絶えてしまった。現在日本で飼われている鶉は、ほとんどが飼い鶉からつくられた系統である。飼いやすく多産で世代交代が早いことから実験動物としても多く飼われている。また、狩猟用として野生化の訓練を施して放鳥される。

鶉肉はタンパク質に富み、ビタミンB2が多い。鶉の卵の栄養成分を鶏卵と比較するとタンパク質・脂質は大差ないが、ビタミンA、ビタミンB1は2倍強あり、ビタミンB2は約1.5倍ある。

粟蒸しの粟は一晩水に浸けた後、濡れ布巾で包んで蒸し、途中で酒塩を混ぜ合わせ蒸し上げる。これをすり鉢に入れ、擂り粉木で半搗きにする。

鶉肉は調味汁（酒2：濃口醤油1：味醂1）に15分間ほど浸け、両面を強火で炙り（中心は半生）適当な大きさに切る。

器に鶉肉を入れ、半搗きの粟を着せかけて蒸し上げ、葛あんをかけ山葵を留める。栗、銀杏、百合根などを入れてもよい。

Uzura Awamushi

Broiled quail meat steamed together with semi-polished millet, then doused with kudzu root sauce and topped with wasabi.

器：染付丸紋筒向附／須田菁華
Tube-shaped cup, round crest design in cobalt / SUDA Seika

器：和蘭陀写 蓋向付／永楽正全
Bowl with lid, Delft style/EIRAKU Shōzen

まちかぶら

蕪の原産は諸説あるが、中国を経て日本に渡来した。三国蜀の丞相・諸葛孔明が、行軍の先々で蕪を作らせ兵糧の足しにしたことから諸葛菜とも呼ばれた。日本の書物では、『日本書紀』(70頁参照)に「蕪菁」、『本草和名』(151頁参照)と昌泰年間(898〜901)に成立した平安時代の漢和辞典『新撰字鏡』には「阿乎奈」、『和名類聚抄』(127頁参照)には「蔓菁・和名阿乎奈・蔓菁根・加布良」などの記載があり、『延喜式』(132頁参照)には、根・葉を漬物にして供奉されたとあることから、平安中期には大変重要な野菜であったことが窺われる。

現在は多くの品種があるが、京都では主に「聖護院蕪」と「近江蕪」を用いる。

「たいかぶら」は広く知られるところだが、はまちと蕪を炊いた料理は京都の「であいもん」のひとつで「まちかぶら」と呼ばれる。江戸なら「ぶりだいこ」がこの料理に相当する。

鰤は出世魚で、一般に関西では、「わかな→はまち→めじろ→ぶり」、京都では、「つばす→はまち→ぶり」などと呼ばれるが、はまちの養殖が盛んになってからは、天然物は「つばす」と呼ばれることが多くなった。まちかぶらには、あまり大きくない2kgまでのものが適する。

作り方は、蕪は分厚く皮を剥いて、一寸角二寸長さほどの棒状に切って、面取りする。はまちは骨を全て除き、皮を付けたまま切り身にして、80℃ほどの湯にくぐらせ冷水にとり、鱗を丁寧に除きタオ

地始凍 ちはじめてこおる

［立冬／次候］11/12 〜 11/16 頃

陽気も消え失せ、大地も凍り始める時節。凍＝水以外のものがこおる。

Chi Hajimete Kōru

The winter chill sets in, and the land starts to freeze.

ルにあげる。鍋に昆布を敷いて、はまちと蕪を入れ、水6：酒3：味醂1をかぶる程度入れ中火で炊き、蕪に火が通ったら薄口醤油と少量の濃口醤油で加減し炊き上げる。器に盛り付け、柚子の皮を糸切りにして留める。

分厚く剥いた蕪の皮やヘタなどは、細く刻んで浅漬けにするとよい。

Machikabura

Filleted young yellowtail cooked with a bevelled chunk of turnip in water, sake and *mirin*.

金盞香 <ruby>金盞香<rt>きんせんこうばし</rt></ruby>

[立冬／末候] **11/17 〜 11/21 頃**

冬の気配さらに強くなり、水仙の花が咲き出す時節。金盞＝水仙の異名。金盞花とは異なる。本来は「きんさん」と読む。金盞銀台とは、水仙花の咲く様をいったものである。元来、金盞とは黄金の杯のこと。

Kinsen Kōbashi

Signs of winter become more apparent, and daffodils start to bloom.

菊菜松の実和え

「松の実」とは松の果実（松笠）の種鱗の間にある種子の胚乳のことで、松笠から取り出した種をペンチなどを用いて割り、胚乳を取り出し天日干し後、薄皮をむいて用いる。
日本で食用に用いられている「松の実」は、主に朝鮮五葉（朝鮮松）の長さが1cm

ほどのもので、日本に自生している松には大粒の松の実が少ないため、市販品の多くは中国産のものである。
中国では、松子、松子仁、海松子などといわれ、古くから漢方薬や薬膳において強壮や不老の薬効があるとされた。
栄養素はタンパク質が豊富で、オレイン酸やリノール酸などの不飽和脂肪酸、鉄・マンガン・亜鉛などのミネラル類、ビタミンB群、食物繊維などがある。不飽和脂肪酸は血液がドロドロになるのを防ぎ、生活習慣病の予防・改善に効果がある。ビタミンB群の働きで美肌効果、眼精疲労の改善が期待できる。
但し、「松の実」にはアレルギー反応もあり、摂りすぎるとアレルギー症状が悪化したり、大腸がんのリスクが高まるともいわれ、1日10gまでが適量とされる。また酸化が早いため、直ぐに使わない場合は、空気を抜き冷凍保存し早めに使うよう心掛ける。

「菊菜松の実和え」は、「松の実」を煎って（あるいはオーブンでロースト）擂り鉢で擂りつぶし、出汁と淡口醤油で調味して和え衣を作り、茹でた菊菜を和える。松の実が持つ特有の風味とコクが、菊菜が放つ香りと相俟って、滋味溢れる料理となる。

Kikuna Matsunomiae

Dressed garland chrysanthemum and pine nuts. Roasted pine nuts are crushed in a mortar and dressed with stock and light soy sauce, then mixed with boiled garland chrysanthemum.

器：飴釉四方鉢／大樋長左衛門
Square bowl, caramel glaze/ŌHI Chōzaemon

小雪
しょう せつ

亥の月の「中」で、太陽の黄経が240°に達した日（新暦では11月22、23日頃）、またはその日から255°に達する日の前日までの約15日間（現行暦では第1日目をさす）をいう。

小雪とは、「寒さまだ深からず、雪また大ならざる」という意味である。平均的な初雪の季節より20〜30日ほど早くなっており、本格的な降雪はないものの、冷たい北風が吹き冬の到来を感じさせられる。

Shōsetsu (Lesser Snow)

Though it usually precedes the first snow of the season, *Shōsetsu* brings cold northerly winds that give a tangible sense that winter has come.

＊花／紫狗尾草　＊器／益子焼口広花入
むらさきえのころぐさ

狗は犬の子という字義で、狗尾草は子犬の尾のような草という意味。
猫じゃらしとも呼ばれる。どこにでも見かける花だが、
葉が色付いた紫狗尾草は冬の到来を見事に体現している。

Setaria Viridis
Wide-mouthed vase, Mashiko ware

虹蔵不見 にじかくれてみえず

[小雪／初候] 11/22 ～ 11/26 頃

空に陽気もなくなり、虹も見かけなくなる
時節。蔵＝ひそむ。

Niji Kakurete Miezu
The sky is gloomy, and there are no
rainbows to be seen.

蟹糝薯の椀盛

京都で蟹といえば、先ず越前（福井県北部）あたりで獲れる「ズワイガニ（松葉蟹・越前蟹）」が挙げられよう。雌は小さく「セイコガニ」「コウバコガニ」などと呼ばれ、雄と比べて肉の量は少なく美味しさは劣るが、成体は常に抱卵しており卵は珍重される。蟹はグルタミン酸やグリシンなどのアミノ酸により独特の旨味を持つが、低カロリー・低コレステロール・低脂肪の食品で、摂取することで様々な効能が期待できる。

ミネラルの亜鉛、銅、カルシウムを豊富に含み、亜鉛は細胞の新生を促すのに不可欠なミネラルとされ、傷の回復を早め、味覚を正常に保つ働きがある。銅は鉄の働きを助けヘモグロビンの合成を促し、貧血や骨粗鬆症や動脈硬化を防ぐ働きがある。カルシウムは歯や骨を形成し、筋肉の収縮をスムーズにし、ストレスを緩和する作用がある。アミノ酸の一種タウリンも豊富に含まれ、肝機能や心臓機能を強化し、血圧やコレステロール値の低

器：輪島塗扇面蒔絵煮物椀
Lacquered bowl with lid, Wajima style, fan design in *maki-e*

下などに効果がある。茹でると赤くなる
のはアスタキサンチンというカロチノイ
ドによるもので、発がん抑制に役立つと
される。殻に含まれるキチン質は自然治
癒力を高めるほか、がんの抑制にも期待
されている。

「蟹糝薯」は、沸騰した湯の中に塩を加え、
蟹を15～20分間茹でて身を取り出す。
糝薯生地（萩糝薯の項目138頁参照）に解
した蟹の身を混ぜ合わせ、弱火で蒸して
フワリと固める。温めて椀に盛り蕪の薄
切り・冬菇・鶯菜を添えて、熱い吸地を
はり、松葉柚子を留める。

Kanishinjo no Wanmori

Crab cake. Boiled crab meat is mixed
with dough made with Japanese yam and
steamed over a low heat until it sets, then
served in hot broth with thinly sliced
turnip, rehydrated shiitake mushroom and
uguisuna greens, and garnished with yuzu
peel.

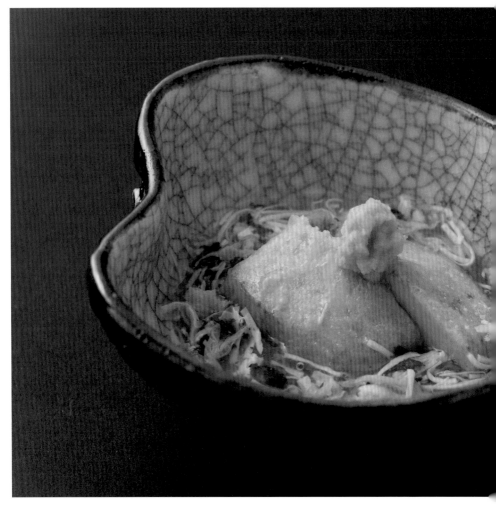

海老芋蟹餡掛け

海老芋は里芋の一品種で、冬を代表する京野菜の一つである。曲がって縞模様がある姿が海老に似るのでこの名がある。京都では「むっくりと炊かれた海老芋」というが、「むっくり」とは実に的確に、炊いた海老芋の特徴を表した言葉であろう。

道楽では、海老芋は下茹でを行わずに炊いていく。炊き方は、海老芋を洗って厚めに皮を剥き水に晒す。鍋に昆布を敷き

海老芋を並べ、水をヒタヒタにはり2割り程度の酒を加え、藻塩を適量入れて火にかける。煮立ってきたらアクを除き、落とし蓋（紙蓋）をして弱火で煮込む。竹串がスッと通るようになったら、煮きり味醂と淡口醤油で調味し、暫く煮含めて仕上げる。

「海老芋蟹餡掛け」は、炊いた海老芋に葛粉または片栗粉を塗し、170℃ほどの油で揚げる。出汁を火にかけ蟹の身をほ

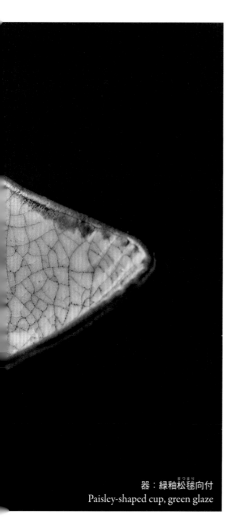

器：緑釉松毬向付
Paisley-shaped cup, green glaze

朔風払葉 さくふうはをはらう

［小雪／次候］11/27 〜 12/1 頃
北風が木の葉を払いのける時節。朔風＝北
から吹いてくる風。北風。

Sakufū Ha o Harau
Northerly winds blow the leaves from the
trees.

Ebiimo Kaniankake
Ebiimo taro in crab sauce. *Ebiimo*, a variety
of taro so called because its shape resembles
a shrimp (*ebi*), is cooked, coated with
starch and fried in oil. This is then served
over a savoury *ankake* sauce of flaked crab
in stock thickened with kudzu root starch.

ぐし入れ、酒と淡口醤油を加えて調味し、
茹でて細かく叩いた菊菜を加え、水溶き
葛粉でとろみをつけ蟹餡を作り、揚げた
ての海老芋に掛け、擂りおろした山葵、
若しくは生姜を留める。

蟹餡と絡まったきめの細かい海老芋の舌
触りは実に滑らかで、蟹の旨味、菊菜の
香り、山葵若しくは生姜の風味と相俟っ
て、えもいわれぬ深い味わいとなる。

ふぐ飯

約2000年前の縄文時代の貝塚からふぐの骨が出土したことから、日本では古くからふぐが食されていたことが窺われる。平安時代の『本草和名』(151頁参照)には「布久」として記載がある。「ふく」が「ふぐ」と呼ばれるようになったのは江戸時代頃からといわれており、現在でも下関や九州では「ふく」と呼ぶ人も多い。

文禄・慶長の役においてふぐ中毒で多くの武士が命を落としたことで、豊臣秀吉が「ふぐ食禁止の令」を命じた。江戸時代になっても、ふぐ食は武士にとって御法度で、発覚した場合は家禄没収や家名断絶など厳しい処分がなされた。

明治時代になってもふぐ食は禁じられていたが、伊藤博文が山口県の料亭・春帆楼にてふぐを食し、山口県限定でふぐ食が解禁となり、やがて全国に広まった。

現在、ふぐの漢字は一般的に「河豚」と書くが、これは中国から伝わったもので、食用にされるメフグが黄河や揚子江など河川の淡水域に生息するので「河」、姿形が豚のようであるとか、豚に似た鳴き声を発するので「豚」の字を当てたとされる。ふぐの種類は500ほどあり、厚生労働省が食用可能とするのは21種で可食部位は筋肉・皮・精巣に限られる。中でもトラフグが最高とされ、他にはカラスフグ・マフグ・ショウサイフグ・サバフグなどが主に食されている。産卵期は春で、11〜2月頃が旬となる。ふぐは高蛋白・低脂肪の食品で、非常に多くのコラーゲンやゼラチンが含まれる。

「てっさ」とは、ふぐの刺身。活〆のふぐの身は、弾力性が強過ぎ食感が悪いため、かたく絞った布巾でおろした身を包み1〜2日冷蔵庫でねかせてから用いると扱い易く熟成され味もよくなる。皿が透けて見えるほどに薄く引くのが特徴。「てっちり」とはふぐの鍋物。鍋に昆布を敷き水を張って酒を加え火にかける。煮立ってきたら、あらを入れ再び煮立ってきたらアクを除き、あらから旨みが出たら切り身や野菜などを入れる。ポン酢に葱ともみじおろしを薬味として食する。「てっさ」「てっちり」の「てっ」とはてっぽう(鉄砲)の略。てっぽうはふぐのことで、ふぐ毒にあたると命が危ないとか「たま(偶)に当たる」を「弾に当たる」にかけたことからついた俗称である。他には、「唐揚げ」「煮凝り」「白子の塩焼き」「白子和え」「白子豆腐」など様々な料理がある。

「ふぐ飯」の炊き方は、炊飯釜に昆布を敷き洗米を入れ、ふぐのあらでとった出汁・酒・薄口醤油・少量の米油と針生姜を加え火にかける。煮えてきたら昆布を除き、塩をあてたふぐの切り身・刻んだふぐ皮を入れ蓋をして炊飯し、炊き上がりに刻み葱を添える。

Fugumeshi

Blowfish rice. Fillets and chopped skin are cooked together with rice in stock extracted from the bony parts of the fish, seasoned with sake and light soy sauce.

橘始黄 <small>たちばなはじめてきなり</small>

［小雪　末候］**12/2 〜 12/6 頃**
ようやく橘の葉が黄葉し始める時節。黄＝
黄葉する。

Tachibana Hajimete Kinari
The leaves of Tachibana citrus trees start
to turn yellow.

器：絵高麗茶碗　永楽和全
Bowl, old Korean style／EIRAKU Wazen

大雪

子の月の「節」で、太陽の黄経が 255° に達した日（新暦では12月7、8日頃）、またはその日から270° に達する日の前日までの約15日間（現行暦では第1日目をさす）をいう。

大雪の頃は、降雪の多い時期で、山の峰は積雪に覆われる。北風が吹きすさみ、日本海側では大雪が降る年があり、鰤漁などが盛んになる季節である。

***Taisetsu* (Greater Snow)**

The snow becomes more frequent now, coating the mountain peaks. Northerly winds blow, and the Sea of Japan coast may experience heavy snowfall, while the yellowtail catch is abundant.

＊花／野路菊・実葛・筆柿　＊器／黒薩摩大徳利

美しい照葉の野路菊と実葛。実葛は木の粘液を水に溶かして整髪に用いたことから美男葛の呼び名がある。枝に残った筆柿を添えて。

Chrysanthemum Japonense, Kadsura Japonica and Persimmon
Large sake bottle, Satsuma-style black glaze

大根焚き

師走7日8日は、千本釈迦堂で大根焚き・成道会法要が営まれる。三世慈禅上人が大根の切り口を鏡に見立てて梵字を書き、諸病退散を祈ったのが始まりとされる。加持祈祷された聖護院大根が大鍋で煮込まれる。参詣者は中風除け、諸病除けのご利益を願いいただく。

続いて9日10日は、了徳寺で報恩講「大根焚」が行われる。1253年（建長5）、親鸞上人が法然上人の遺跡を巡錫する中、立ち寄った了徳寺の尼僧から出された塩味の大根煮を喜び、そばに生えていた薄の穂をとり「帰命尽十方無碍光如来」の十文字を書いて尼僧に与えた（薄の名号）。

器：青釉兜鉢／北大路魯山人
Deep bowl, blue glaze／KITAŌJI Rosanjin

この事が始まりとされる。長大根が大鍋で炊かれ、参詣者は中風除け、長寿延命のご利益を願いいただく。

大根焚きの行事に倣い、この時期には家庭でも大根を炊いていただくことが多い。大根は皮を剥いて下茹でし、昆布を敷き上質なおあげさん（油揚げ）と一緒に弱火でじっくりと柔らかに煮含める。

Daikodaki

Cooked daikon radish. Peeled daikon is parboiled, then simmered over a low heat together with kelp and deep-fried bean curd.

閉塞成冬 へいそくしてふゆとなる

［大雪／初候］ 12/7 〜 12/11 頃

天地の気が塞がって真冬となる時節。閉塞＝ふさがる。

Heisokushite Fuyu to Naru

The days are drawing in, as midwinter arrives.

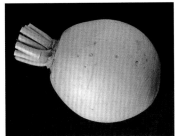

聖護院大根

熊蟄穴 <ruby>熊蟄穴<rt>くまあなにちっす</rt></ruby>

[大雪／次候] 12/12 ～ 12/15 頃

熊が冬眠のため自分の穴に隠れる時節。蟄＝「こもる」は古訓で、動物が土中に隠れるの意。

Kuma Ana ni Chissu

Bears go into hibernation in their dens.

Kaburamushi

Steamed Shōgoin turnip. Grated turnip is drained and mixed with egg albumen, then steamed with tilefish fillets and ingredients such as boiled ginkgo nuts and lily bulbs. This is served in a seasoned broth thickened with kudzu root starch, and topped with grated wasabi.

蕪蒸し

京都盆地に比叡颪が吹き込み、厳しい底冷えとなる頃、体の芯から温まる京の風土に即した料理が「蕪蒸し」である。

江戸時代には、精進の「蕪蒸し」もあったが、現在は白身魚・鰻・穴子・かしわなどを主に用いることが多く、京都に最も相応しい具材が、ぐじである。ぐじの旨味と舌の上でほどける柔らかな食感が、聖護院蕪が醸す独特の香りと甘味、すりおろして蒸したフワッとした食感とが相俟って、えもいわれぬ美味しさが生じる。

聖護院蕪の皮を鬆の内側まで剥いて擂りおろし、水囊に入れて自然に水分をきり、卵白を泡立てて少量の藻塩を加えて混ぜ合わす。ぐじの切り身は霜降りし、茹でた銀杏、百合根、木耳などと一緒に器に入れて、先の蕪を着せかける。蒸気の上がった蒸し器に入れ、中火で蒸す。
鍋に出汁を入れて火にかけ、酒・味醂・藻塩・淡口醤油で調味し、水溶きの吉野葛を加えとろみをつける。
蒸し上がったら、葛溜り（葛餡）をかけ、すりおろした山葵を留める。

聖護院蕪

器：倣仁清色絵金銀菱文茶碗
Bowl, Ninsei style, gold and silver diamond pattern

器：礬素折撓鍋
Folded aluminium pot

鱖魚群 けつぎょむらがる

［大雪／末候］12/16 〜 12/21 頃
鮭が群がり、河川をのぼっていく時節。鱖
＝さけ。あきあじ。一説には追河とも。

Ketsugyo Muragaru
Salmon gather and swim upstream.

ころと壬生菜のはりはり鍋

壬生菜は水菜が分化したもので、江戸時代初期から壬生で栽培されていたとされる。水菜と比べると、葉に切れ込みがなく、葉質は軟らかでやや厚く、色は緑が濃い。

「ころ」とは、鯨の皮を加熱し、煎りあげ脂肪分を除いた食品（以前は鯨油を絞ったカスを干したもの）で、「いりがら」ともいう。おでんの具としても用いるが、水菜や壬生菜との「はりはり鍋」は出合いもんで、熱々の「ころ」のムチッとした歯応えと壬生菜のシャキシャキした食感が、しんしんと底冷えする京の冬のご馳走である。

料理は「ころ」を3〜4日水に浸けて（毎日水を取り替える）もどし、適切な大きさに切る。昆布を敷いた鍋に、水をはって酒を加え火にかける。煮立ってきたら、味醂と淡口醤油で吸い加減に調味し、「ころ」を入れて炊く。壬生菜は一寸程に切り、サッと炊きながら、「ころ」と共に小鉢に取って汁をはり、上質な七味をふりかけ食する。

Koro to Mibuna no Hariharinabe
Hotpot of whale skin and *mibuna*. *Koro* (whale skin that has been roasted to remove oil) is soaked in water for 3-4 days, then cooked in seasoned broth and eaten with crunchy *mibuna*, a leafy vegetable similar to mustard greens.

冬至
とうじ

子の月の「中」で、太陽の黄経が270°に達した日（新暦では12月21、22日頃）、またはその日から285°に達する日の前日までの約15日間（現行暦では第1日目をさす）をいう。また、太陽の運行経路である黄道上の最も南にある点を冬至点といい、太陽がこの点を通過する時刻を冬至という。

この日の正午における太陽の高度は、北半球では一年中で最も低くなり、昼の時間が最も短く、夜の時間が最も長くなる。

京都では、冬至にかぼちゃを食べ、柚子湯につかり、無病息災を願う慣わしがある。

Tōji (Winter Solstice)

On the shortest day of the year, the sun is at its lowest altitude in the sky. In Kyoto, people traditionally mark the day by eating pumpkin and taking a hot yuzu-fruit bath, to ward off illness.

＊花／枯尾花・夏椿の照葉　＊器／時代兎文竹組手桶花入
冬ざれの頃、寂しそうに在る照葉の尾花と、実がはぜた夏椿の照葉が、侘しさの中に雅趣を漂わせる。兎狩の季節、兎文の手桶を用いた。

Silver Grass and Japanese Stewartia
Antique bamboo pail used as vase, rabbit design

器：天目鉢　川瀬竹春
Bowl, *tenmoku* style / KAWASE Chikushun

乃東生 <small>ないとうしょうず</small>

[冬至／初候] 12/22 ～ 12/26 頃

草木いずれも枯れている中で、夏枯草のみが緑の芽を出し始める時節。乃東＝夏枯草の古名。冬に緑の芽を生じ夏に枯れるのでこの名がある。

Naitō Shōzu

As most plants wither, only the sprouts of self-heal (prunella vulgaris) show signs of life.

冬至寄せ

冬至は一年で最も日照時間が短く、夜が最も長い日。古く中国では、冬至を太陽運行の起点と考え、暦のはじまりとして冬至節を祝う風習があった。

日本ではこの日、「小豆粥」「蒟蒻」「かぼちゃ」などを食べ、柚子湯に浸かり無病息災を祈る。特に冬至が旧暦11月1日にあたると朔旦冬至といい瑞祥とされ、宮中で祝宴が行われた。京都では、南京大師供養が不思議不動院にて営まれる。

また、「ん」が二つ付く食材を七種食べると運気が上がるとされた。「南京」「人参」「蓮根」「銀杏」「金柑」「饂飩」「寒天」などで、冬至寄せは、それらの食材を寒天で寄せた料理のこと。無病息災・運気上昇などを願い食する。

Tōji Yose

Agar jelly containing ingredients such as Nanjing pumpkin, carrot, lotus root, ginkgo, cumquat and udon wheat noodle. The combination of ingredients is believed to confer good luck.

麋角解 <ruby>びかくげす<rt></rt></ruby>

［冬至／次候］**12/27 〜 12/31 頃**

大鹿がその角を落とす時節。麋角＝なれしかの角。なれしかは大鹿のことで、となかいの一種。解＝落ちる。脱する。

Bikaku Gesu
Stags shed their antlers.

Nishin Soba
Soba buckwheat noodles topped with cooked herring. The tradition of eating soba noodles on New Year's Eve dates back to the Edo period. Herring fillets that have been dried for 2-3 weeks are immersed in rice water and gently simmered for a long time, then served over hot noodles.

にしん蕎麦

昔から京坂ではうどん、江戸ではそば切りが好まれ食されてきた。年越しそばの慣わしは、江戸で江戸時代中期頃から始まり、その由来は、そば切りは細長いことから長寿を願うとか、金箔を集めるのに捏ねたそば粉の塊を用いたことから金運上昇を願うとか諸説ある。江戸では江戸時代初期は茹でてから蒸籠でむした蒸しそばが流行った。それは小麦粉が入らず切れやすかったためで、盛りそばを蒸籠に盛るのはその名残とされる。小麦粉をつなぎに用いるようになったのは元禄（1688〜1704）か亨保（1716〜1736）の頃と考えられている。

江戸時代の書物に、大晦日に江戸ではそば切りを食べるが、大坂では麦飯と赤鰯（糠を塗して塩漬けにした錆色の鰯）を食べるという内容の記述がみられることから、年越しそばの慣わしが全国に広まるのは明治以降のことと考えられる。

京都でのそば切りは、炊いたにしんをのせた「にしんそば」が好まれる。にしんは頭・尾・内臓を除き2〜3日干してから二枚におろし、さらにカチカチになるまで2〜3週間干した「身欠きにしん」を用いる。身欠きにしんは米のとぎ汁に浸けてもどし、長時間かけてじっくりと柔らかく炊き上げる。

器：古染付丼鉢
Deep bowl, *kosometsuke* style, cobalt underglaze

器：時代翔鶴蒔絵椀
Antique lacquered bowl with lid, flying crane design in *maki-e*

雪下出麦 <ruby>雪下出麦<rt>せっかむぎをいだす</rt></ruby>

[冬至／末候] 1/1 〜 1/4 頃
一面が雪におおわれる中、その下で麦が芽
を出し始める時節。

Sekka Mugi o Idasu
Wheat sprouts beneath the snow covering
the landscape.

雑煮 <ruby>雑煮<rt>ぞうに</rt></ruby>

京の「雑煮」は、白味噌でまったりと仕
立てる。白味噌を溶き入れてからは、鍋
内側の周りが焦げないように火加減に気
をつけ加熱し、水嚢を通す。雑煮の実は、
頭芋もしくは小芋、丸餅、大根などで、
彩りよく輪切りにした金時人参（日の出
人参）や鶯菜をサッと茹でて入れること
もある。
家長と後継ぎは「人の頭に立つ」という
ことで頭芋、他の人は小芋を食する。丸
餅は「何事も角が立たず、丸くおさまる
ように」、大根は「しっかりと大地に根
を張って暮らしていけるように」などの
願いが込められている。

丸餅は食べ上がることとし、元日に1つ
食べたら二日目は2つ以上、三日目は二
日目以上食べる慣わしがある。「雑煮」
は昆布出汁をベースに生臭物は用いず仕
立て、先ず神棚と仏壇に供え、各々が食
する際に鰹節の削ったものを入れる。
正月四日は鏡開きで（十一日のところも
ある）鏡餅を切って焼き、壬生菜も入れ
て清まし汁に仕立てる。

Zōni
Mochi in soup, an important New Year
dish. The soup contains ingredients such
as *kashiraimo* or *koimo* yam, mochi rice
cake and daikon radish, and is seasoned
with white miso paste.

小寒

<ruby>小<rt>しょう</rt></ruby><ruby>寒<rt>かん</rt></ruby>

丑の月の「節」で、太陽の黄経が285°に達した日（新暦では1月5、6日頃）、またはその日から300°に達する日の前日までの約15日間（現行暦では第1日目をさす）をいう。小寒より「寒の入り」とし寒中見舞いを出す時期となる。小寒から節分までの約30日を「寒の内」といい一年中で最も寒さの厳しい季節である。

小寒とは、寒気がまだ最大まで達していないという意味だが、「小寒の氷大寒に解く」という故事のとおり、実際は小寒の方が厳しい寒さに感じることが多い。小寒から四日目を「寒四郎」と呼び、麦作の厄日とされ、この日の天候によって、その後の天気や収穫に影響があると信じられていた。また、九日目を「寒九」と呼び、この日に降る雨を「寒九の雨」といい、豊作の兆しと信じられた。

Shōkan (Lesser Cold)

The approximately 30 days from *Shōkan* onwards are the coldest of the year, known as "Kan no Uchi" (the dead of winter).

＊花／椿（西王母）・結び柳　＊器／青竹尺八切花入　＊掛物／淡々斎「無心帰大道」
一月は清浄感溢れ、清新な気が満ちるよう心がける。
中国古代の伝説上の女神である西王母は、崑崙山に住み、不老不死の薬を持つ眉目秀麗な美女。
その名をもつ椿を用い、柳を取り合わせた。

Camellia and Willow
Cut bamboo used as vase
Hanging scroll／Tantansai

芹乃栄 <small>せりすなわちさかう</small>

[小寒／初候] 1/5 ～ 1/9 頃
空気が冷え澄みきるようになり、芹がよく生育する時節。栄＝草木が盛んに茂る。

Seri Sunawachi Sakau
The air is cold and clear, and water dropwort grows in abundance.

さしみ・つくり

主に魚介類を生食する「さしみ」は、日本料理の中でも重要な位置を占め、特徴的な料理といえる。
漢字は「刺身」「指身」「指味」「差躬」「魚軒」などが使われており、刺身の語意は、魚が何かわかるように鰭や尾を刺したとか、切るを忌みて刺すとしたなど諸説ある。

室町時代に、なます料理の一種として「さしみ」が作られるようになった。
「なます」とは、奈良、平安時代からある料理で、生の獣肉を細切りにし酢で食するもので、「膾」と書いた。のちに魚が主材料となり「鱠」の文字を用いるようになったが、現在では区別なく、精進にも用いられている。

1643年(寛永20)に刊行された『料理物語』には魚介類の他、鴨・雉子・鶏などの鳥類、椎茸・松露・木耳・岩茸などの茸類、筍・野蒜をはじめ実に多くの野菜類、麩・蒟蒻・豆腐・蕨菜、牡丹や芍薬や梔子など多くの花類などを「さしみ」の材料としており、生もしくは茹でた材料に、調味料をつけて食べる料理の総称であった。
当時、「さしみ」につけていた調味料は、主に煎酒・生姜酢・蓼酢・山葵酢・辛子酢・山椒味噌酢・酢味噌などで、醤油は高価で現在のように広く普及していなかった。
「さしみ」は「つくり」ともいい、材料の鮮度や熟成法、包丁の切れあじや切り方などにより、味わいが大きく変化する、実に繊細で微妙な料理である。

奥から◇間八・剣先烏賊・岩茸・寄り独活・山葵　◇鮃・縁側・花穂・金時人参・山葵　◇真鯛・海胆・大根けん・赤紫蘇の芽　◇伊勢海老・水前寺海苔・山葵　◇黒鮪・捏芋・青紫蘇・山葵

Sashimi
Sashimi, also referred to as "*otsukuri*," is an extremely delicate and subtle cuisine. Differences in factors such as the freshness or ageing of ingredients, the sharpness of the knife and the method of cutting produce dramatic changes in flavour.

器：仁清写鶴向付／永楽正全
Crane-shaped bowls, Ninsei style / EIRAKU Shōzen

器：紅白梅透向付／清水六兵衛
Openwork cup, red and white plum blossom design／KIYOMIZU Rokube

水泉動 <ruby>すいせんうごく</ruby>

[小寒／次候] 1/10～1/14頃

地中では、凍った泉が動き始める時節。水泉＝わき出る泉。

Suisen Ugoku
Frozen springs in the ground start to thaw.

若狭小鯛笹漬黄身酢

古来「笹漬け」は、主に白身魚を用いて、塩をふり酢で締め、笹の葉と共に漬け込んだ料理で、笹の葉には香りづけと防腐の効果がある。

「若狭小浜小鯛笹漬」は10cmほどの「キダイ（レンコダイ）」を用いて仕込まれる。小鯛の鱗・内臓を除き三枚におろして塩をふりかけ、酢で締める。これを杉樽に詰めて（昆布を加えたものもある）笹の葉をのせ蓋を嵌め込んだ若狭の名産品である。「若狭小鯛笹漬」は京料理において、そのモッチリとした食感や旨味が好まれ、大正時代頃より今日まで、寿司（棒寿司・手鞠寿司・散らし寿司など）や酢の物など広く用いられ親しまれてきた食材である。

黄身酢は、卵黄に酢・出汁・藻塩・淡口醤油・味醂（砂糖）を加えて木べらなどで混ぜながら湯煎にかけ、とろみがでてきたらガーゼなどで濾して仕上げる。小鯛や菜種の他に、海老、胡瓜、アボカド、ブロッコリーなどとも相性がよい。

Wakasakodai Sasazuke Kimizu
Small sea bream with egg and vinegar sauce. The fish is sprinkled with salt and pickled in vinegar, then served with rapeseed and a sauce of egg yolk mixed with vinegar, stock, seaweed salt, light soy sauce and *mirin*.

雉始雊 ちはじめてなく

［小寒／末候］1/15 ～ 1/19 頃

雄の雉が鳴き始める時節。雊＝雄の雉が鳴く。

Chi Hajimete Naku
Male pheasants start to call.

小豆粥
あずきがゆ

旧暦の元日（あるいは元日から七日まで）を大正月というのに対して、正月十五日（あるいは十四日から十六日まで）を小正月という。月の満ち欠けを基準としていた旧暦では一年で最初の満月の日で、小豆粥を食べる慣わしがある。
『守貞漫稿』（38頁参照）によると、小豆粥は京坂では塩味、江戸では甘くして食べたことが記されている。
小正月には小豆粥や粟・稗・黍・蓑・米・

小豆・胡麻など穀類の七種粥を食べる風習がある。これは宮中で平安時代から行われている行事で、中でも小豆色には邪気を祓う呪力があると信じられ、小豆粥を食べて一年の無事を願った。

また各神社では、小正月に神前に穀類の粥などを供え五穀豊穣を願う農耕神事が執り行われる。様々な粥占にて、その年の作柄や豊凶を占う行事もある。

Azukigayu

Adzuki bean porridge. Adzuki beans are believed to drive away evil spirits. In a tradition dating back to the Heian period, this savoury porridge is eaten on the day of the year's first full moon, to pray for good fortune.

器：黄瀬戸土鍋
Earthen pot, yellow glaze

大寒

<ruby>大<rt>だい</rt></ruby> <ruby>寒<rt>かん</rt></ruby>

丑の月の「中」で、太陽の黄経が300°に達した
日（新暦では1月20、21日頃）、またはその日か
ら315°に達する日の前日までの約15日間（現行
暦では第1日目をさす）をいう。
大寒は、一年中で最も気温の低い極寒の時期で、
冬の季節最後の二十四節気である。大寒最後の
日が節分で、翌日には旧暦の正月を迎える。

Daikan (Greater Cold)

Temperatures reach their lowest point in the
year, during what is the final term of winter in
the 24 solar terms.

＊花／枯蓮　＊器／李朝白磁細首瓶　＊軸／松花堂昭乗
蓮は季節の移ろいと共にその姿を変える。仲夏は瑞々しい「浮葉」、
晩夏は極楽浄土に開く「蓮の花」、仲秋は「蓮の実」から「敗荷」となり、
末枯れ朽ちた容姿へと変貌を遂げた冬の「枯蓮」は、生命の悲哀を漂わせる。

Withered lotus
Long-necked vase, Joseon white porcelain
Hanging scroll/SHŌKADŌ Shōjō

款冬華 <ruby>款冬華<rt>かんとうはなさく</rt></ruby>

款冬華 かんとうはなさく

[大寒／初候] 1/20 〜 1/24 頃

寒さ厳しい中に、<ruby>蕗<rt>ふき</rt></ruby>の<ruby>薹<rt>とう</rt></ruby>がそっと<ruby>蕾<rt>つぼみ</rt></ruby>を出す時節。<ruby>款冬<rt>かんとう</rt></ruby>＝ふき。その花茎を蕗の薹という。厳冬に氷を破るように生えるところからこの名がある。蕗の薹は大寒の頃の花であるが、俳句では春の使者として、春の季語に入れる。

Kantō Hana Saku

Japanese butterburs come into bud, amidst the bitter cold.

Tai Kenchinmushi

Steamed rolls of sea bream, vegetable and tofu. Chopped vegetables such as carrot, burdock, lotus root, Jew's ear, shiitake mushroom and sweet pepper are fried, mixed with tofu, wheat flour and beaten egg, then wrapped in sea bream fillets and steamed.

<ruby>鯛巻繊蒸<rt>たいけんちんむし</rt></ruby>

「巻繊」とは、もともと禅僧により中国から伝えられた<ruby>普茶<rt>ふちゃ</rt></ruby>料理の一つで、もやしや野菜をせん切りにしたものを湯葉やあげで巻いて、煮たり揚げたり蒸したりしたもの。

現代では和風化し、豆腐を崩したものに刻んだ野菜やきのこなどに溶き卵や小麦粉を混ぜ、魚や鶏肉などで包み調理したものも巻繊と呼ぶ。

「鯛巻繊蒸」は、人参・<ruby>牛蒡<rt>ごぼう</rt></ruby>・蓮根・<ruby>木耳<rt>きくらげ</rt></ruby>・椎茸・ピーマンなどを刻んで炒め、豆腐・小麦粉・溶き卵を混ぜ合わせ、平たく開いた鯛の身で巻き、蒸し上げた料理。<ruby>天火<rt>てんぴ</rt></ruby>で焼くと巻繊焼となる。

器：蕪兜鉢　大樋長左衛門
Deep bowl, turnip design / ŌHI Chōzaemon

器：青薬壺々透向付
Bowl, openwork pot design, green glaze

海鼠霙和
<small>なまこみぞれあえ</small>

「海鼠」は『古事記』(10頁参照) に記載があり、天鈿女命に小刀で口を裂かれた海産動物として登場する。江戸時代の多くの料理書にも記述があり、日本では古くから食されてきた。

「海鼠」には数多くの種類があるが、主に「マナマコ」を食する。「青ナマコ (アオコ)」は柔らかく、「赤ナマコ (アカコ)」は歯ごたえがよい。一般的には、内臓を除き薄く切り、水洗いして酢の物にし、

コリコリした歯ごたえを楽しむ。

料理屋に伝わる「茶振り」とは、薄切りにした海鼠を蓋付きの容器に入れ、沸かして少し冷ました番茶を注ぎ入れ、蓋をして振り混ぜ、冷めるまでおく料理法で、身が柔らかくなり色もよくなる。茶振りした海鼠は流水に晒してから水気をきり、合わせ酢に浸ける。

「きんこ」や「いりこ」と呼ばれる「海鼠」の乾燥品は高級食材で、数日かけて茹でで

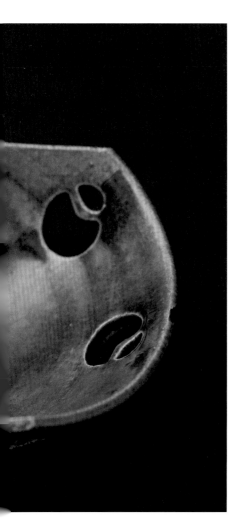

水沢腹堅 <ruby>水沢腹堅<rt>すいたくふくけん</rt></ruby>

［大寒／次候］ 1/25 〜 1/29 頃
沢に氷が厚く張りつめる時節。
水沢＝水のある沢。腹＝厚く

Suitaku Fuku Ken
Thick ice forms on streams.

Namako Mizoreae
Sea cucumber dressed with grated radish.
Eaten in Japan since ancient times, sea
cucumber can be prepared in a variety of
ways, but is delicious sliced thin and served
with grated daikon radish.

ては冷ますことを繰り返し、柔らかくも
どしてから用いる。
「海鼠」の内臓の塩辛は「このわた」と
呼ばれ、天下の三珍の一つとして「越前
の雲丹」「長崎の唐墨」「三河の海鼠腸」
と称された。卵巣を重ねて干したものは、
形が三味線の撥のようであることから
「ばちこ」、あるいは「このこ」「くちこ」
とも呼ばれる高級珍味で、一般に遠火の
炭火でゆっくりと炙って食する。

鰯梅煮

節分とは立春・立夏・立秋・立冬の前日の称だが、現在の暦には立春の前日（大寒より十五日目、2/3・2/4頃）のみが記載されている。古くは立春を一年の始まりとし、一年最後の日となる節分には、邪気を祓う行事が行われた。豆まきは中国から伝わった風習で、「鬼遣」「追儺」と呼ばれる宮中行事が次第に民間に広まった。また、焼いた鰯の頭を柊の枝に刺して家の入口におくと、やって来た厄鬼が柊の葉が刺さって痛がり、鰯のにおいに驚き逃げ去ると考えられた。節分の日に、豆や鰯をいただいて幸せを願う慣わしが今に伝わる。

鰯は梅と一緒に煮ることで、臭みを除き骨を柔らかくし日保ちをよくする効果が

鶏始乳 にわとりはじめてにゅうす

［大寒／末候］ 1/30 〜 2/3 頃
鶏が春の気を感じ、卵を産み始める時節。
乳す＝鳥が卵を産む。

Niwatori Hajimete Nyūsu
Sensing that spring is on the way, hens start laying eggs.

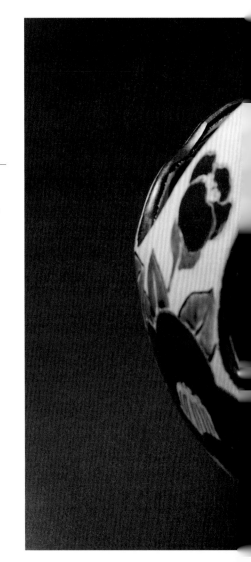

ある。鰯は3.5cmくらいまでを「シラス」、8〜12cmくらいを「小羽鰯」、13〜16cmくらいを「中羽鰯」、17〜18cmくらいを「大羽鰯」といい、「小羽鰯」は頭と内臓を除き、じっくりと煮て骨ごと食するが、「大羽鰯」はおろして骨を除き煮ると食べ易い。
鰯は栄養成分も優れており、タンパク質は非常に良質で、脂肪中にはEPA（エ
イコサペンタエン酸）を多く含み、ビタミンではナイアシを多く含む。

Aji Umeni

Sardines simmered with plums. Simmering sardines with plums helps neutralise the smell of the fish and softens their bones, making them keep for longer.

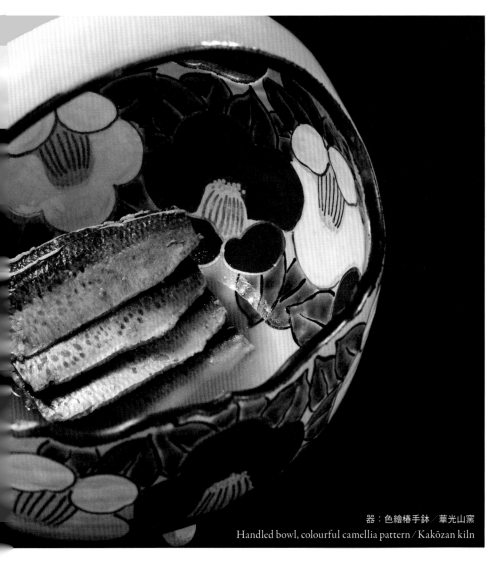

器：色絵椿手鉢／華光山窯
Handled bowl, colourful camellia pattern／Kakōzan kiln

正月

正月は一年の初めの月をいう。これは
「正」には年が改まる意味があることに
由来する。また、元日から十五日（七日
のところもある）までの松の内（注連の内）
をいう。

古くは、正月は盂蘭盆と同様に半年毎に
先祖の霊を迎え祀る行事であり、現在で
も年頭墓参の慣わしが残る。やがて、正
月は歳神 "稲魂から発達した農耕神" を
迎え祀る意味合いが強くなり、盂蘭盆は
先祖供養など仏教的意味合いが濃くなっ
ていった。

旧暦では、正月（旧正月）は立春の頃とし、
新月の朔日を大正月、十五日の満月の望
の日を小正月とした。正月の元日、二日、
三日を三が日と呼び、十五日（七日）ま
でを松の内と称した。二十日を正月の終
わりとして「骨正月」と呼び、焼鯛や塩
鰤の頭や骨を煮て食べる慣わしがある。

また鏡開き（現在は四日もしくは十一日
に行なう）をして餅を食べたりもする。
正月に家の門口などに立てる門松は神の
依代として、歳神を迎えるところである。
京都では派手に門松を飾る風習は少なく、
三十日（まで）に玄関の左右に根引きの松
を飾り歳神の依代とする。

Shōgatsu, New Year
In Kyoto, the period when traditional
New Year decorations are left on display,
known as Matsu no Uchi, lasts until
January 15th. The New Year period ends
on January 20th, called Hone-Shōgatsu,
when it is customary to eat the head or
bones of simmered sea bream or yellowtail.
Another tradition takes place on January
11th, when the New Year's rice cakes are
cut and eaten, in a ceremony known as
Kagami Biraki ("breaking the mirror").

道楽の正月

道楽では廿九日の夜、玄関の左右の柱に「根引きの松」を配する。私が子供の頃は、大晦日に店の大掃除を終えた店の人達が実家へ帰った後、先代が家のお節やにらみ鯛を盛り込んでいた。その後先代に連れられて八坂さんへ向かい忌火を吉兆縄に移して持帰り、大福茶や雑煮の火種とした。方広寺で除夜の鐘を撞いてから寝床に入った。元旦、親戚一同が集まり、汲み上げた井戸水で大福茶を入れ、雑煮を白味噌で仕立てる。お節や睨み鯛を前に家長より「明けましておめでとうさんにございます。よぉお祝いやす」という言祝ぎがあり、新玉の年が始まった。

New Year at DOURAKU

On New Year's Day, the members of the family all come together to share a special New Year tea made with freshly drawn well water, known as *ōbukucha*, along with *zōni* soup seasoned with white miso paste. Traditional New Year's dishes are also served, though not before the head of the family has given a customary greeting, marking the start of the New Year.

器：輪島塗梨地四君子蒔繪五段重器
Five-tiered lacquered boxes, Wajima style,
lustrous surface, four noble ones design
(plum blossom, orchid, bamboo and chrysanthemum) in *maki-e*

お節料理

「お節」とは五節供の意で、それぞれの節供に特別のお節料理があった。現在では正月の節供料理のみを「お節料理」と呼ぶ。明治・大正・昭和初期頃までは各家庭で「お節料理」をつくり、正月を祝ったが、現代は女性も多忙を極め、時間と手間を要する「お節料理」つくりは困難となり、多くの家庭で買い求める時代となった。重箱に詰めるものは一の重に祝い肴、二の重に口取り、三の重に焼物、四（与）の重に煮しめ、五の重に酢の物を、四段重の場合は酢の物を焼き物と共に三の重に詰めることが基本とされるが、各旧家において様々な詰め方がみられる。

Osechi (New Year's Dishes)

Osechi traditionally referred to the five seasonal festivals, each of which had associated foods. However, today the term "*osechi* dishes" is only used for foods eaten at New Year.

（上）器：七宝紋扇面鉢／須田菁華
Fan-shaped bowl, cloisonne pattern／SUDA Seika

（下）器：赤絵鉢
Bowl, colourful overglaze

色絵更紗紋瓢徳利／富本憲吉
Sake bottle, colourful overglaze, chintz pattern／
TOMIMOTO Kenkichi

寄盃／永楽和全
Assorted sake cups／EIRAKU Wazen

お箸の話

箸の使用は中国・殷の時代に発生したとされ、稲作文化とともに日本に伝来した。弥生末期の箸は神々に神饌とともにお供えする礼器として使われた。神霊は箸を依代として宿り、神々は箸を用いて食事を召される。それゆえ箸は霊木である松・柳・杉・檜などを材とした。

手食だった古代日本人が「お箸」を使い始めたのは、飛鳥時代から奈良時代にかけてとされ、木箸・竹箸・塗り箸など日本人の美意識が影響し独自の発展を遂げた。新玉の年の初めに柳箸を手にすると清新な心となる。"家内喜"の音にかけた柳箸を古来慶事の膳に用いるのは日本人の美風である。

大晦日に家長は箸紙に家族銘々の名前を書き、家長のは「主人」、取り箸には「組重」と書く。箸紙には紅白の水引きを京都独特の結び方でかけ、中にへぎ板を二枚入れたものを用い、柳箸をへぎ板で挟むように下から差し入れ膳の右前に掛け置く。

Chopsticks

Chopsticks were first introduced to Japan from China, and began to be used for eating food from around the 8th century. Japanese aesthetics contributed to the development of various different types, including wood, bamboo and lacquered chopsticks. Using willow chopsticks symbolises a fresh start to the New Year.

祝肴

京の正月の招福を願う三種肴は、「数の子」「ごまめ」「たたき牛蒡（たたき牛蒡を黒豆とするむきもある）」。「数の子」は鰊の卵巣の塩漬けで、ごく濃度の低い塩水に浸け塩抜きし、薄皮をていねいに除き、濃いめの鰹出汁に味醂と淡口醤油で調味した地に浸ける。子孫繁栄を願う。「ごまめ」は、昔、鰯を田んぼの肥やしにしていたことから「田作り」とも呼ばれる。干した片口鰯の幼魚を焙烙で気長に焙ってポキッと折れる程度になるまで煎る。別鍋に酒・砂糖・醤油に少量の酢とタカノツメを加え煮詰めたところに、これを入れて絡める。

「たたき牛蒡」は、皮を亀の子たわしで洗い、一寸（約3cm）弱に切り、太いところは割って太さを揃え、水に晒す。胡麻を煎って擂り鉢で擂り、煮切り酒・醤油を入れ少量の砂糖と酢を加える。湯を沸かして酢を少し加え、牛蒡をサッと茹でてザルにあげ、熱いまま擂り鉢に入れて和える。

器：鶴鉢／永楽正全
Plate, crane design／EIRAKU Shōzen

Iwaizakana

Dishes eaten to pray for good luck.
Examples of *iwaizakana* include *kazunoko*
(salted herring roe), *gomame* (dried small
sardines finished in sugar, sake, soy sauce
and vinegar), and *tataki gobo* (cooked and
pounded burdock coated with sesame
dressing).

祝鯛 （睨み鯛）

人日の節供

<ruby>人<rt>じんじつ</rt></ruby>日の<ruby>節供<rt>せっく</rt></ruby>

旧暦1月7日

Jinjitsu no Sekku Festival

In ancient China, there was a custom of eating broth containing seven kinds of vegetables on January 7th in the lunisolar calendar. This tradition was introduced to Japan, and became *Nanakusagayu* porridge.

七草粥

<ruby>七草粥<rt>ななくさがゆ</rt></ruby>

七草粥とは、「芹」「薺（ナズナ）」「<ruby>御形<rt>ごぎょう</rt></ruby>（ハハコグサ）」「<ruby>繁縷<rt>はこべら</rt></ruby>（ハコベ）」「<ruby>仏座<rt>ほとけのざ</rt></ruby>（コオニタビラコ）」「<ruby>菘<rt>すずな</rt></ruby>（カブ）」「<ruby>蘿蔔<rt>すずしろ</rt></ruby>（ダイコン）」の春の七草を正月七日に粥にして食する慣わしである。

中国前漢の時代、正月元日は鶏の日、二日は<ruby>狗<rt>いぬ</rt></ruby>の日、三日は猪の日、四日は羊の日、五日は牛の日、六日は馬の日、七日は人の日「<ruby>人日<rt>じんじつ</rt></ruby>」、八日は穀の日としてそれぞれ占い、新玉の年の運勢を見立てた。唐の時代になると七日の人日に「<ruby>七種<rt>ななしゅ</rt>菜羹<rt>さいのかん</rt></ruby>」と呼ばれる七種の若菜を入れた<ruby>羹<rt>あつもの</rt></ruby>

（汁もの）を食べて無病息災を願った。日本では平安時代に貴族たちが野に出て若菜を摘み宴を設ける「<ruby>子の日の遊び<rt>ね</rt></ruby>」という行事があった。その宴席で若菜を刻み餅を入れ粥にして食べると邪気を祓い万病を除くとして、延喜年間（901～923）から朝廷で儀式化された。

枕草子には「七日、雪間の若菜つみ、青やかに、例はさしもさるもの<ruby>目近<rt>めぢ</rt></ruby>かぬ所にもて騒ぎたるこそ、をかしけれ」＝「七日は、雪間の若菜を摘んで、それらは青々としていて、普段はそれほど見慣れてい

ない場所（宮中や身分の高い者の邸など）でもてはやすことは、趣がある」との記述がある。

大陸伝来の文化「七種菜羹」と日本の古からの風習の「子の日の遊び」の若菜の粥が相俟って、鎌倉時代に現在の七草粥の原型ができ、今日まで受け継がれてきた。夜明け前に、俎の脇に擂り粉木を置き、「唐土の鳥と日本の鳥が境の橋を渡らぬさきにななくさなずなでホーホーよ……」と口ずさみながら、トントンと七草を刻む慣わしが伝わる。

Nanakusagayu

Seven-herb rice porridge, eaten to pray for good health throughout the New Year. It uses the so-called seven herbs of spring: *seri* (water dropwort), *nazuna* (shepherd's purse), *gogyō* (Jersey cudweed), *hakobe* (chickweed), *hotokenoza* (henbit), *suzuna* (turnip) and *suzushiro* (daikon radish).

器：時代青漆内朱野菜蒔絵椀
Antique lacquered bowl with lid, vegetable design in *maki-e*

上巳の節供

旧暦3月3日

Jōshi no Sekku Festival

March 3rd in the lunar calendar is the Girl's Festival, which has been celebrated since the Edo period.

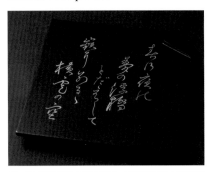

器：輪島塗藤原定家名歌盆／著者筆　五十首の内
の一　春の夜の夢の浮き橋とだえして峰に別るる
横雲の空

Lacquered tray, Wajima style, poem by
FUJIWARA Teika in gold relief

雛祭の口取り

上巳とは、旧暦三月の上旬の巳の日のことで、旧暦三月三日の称である。

古来、中国では上巳に川で身を清め不浄を祓う慣わしがあった。

日本では平安時代に取り入れられ、宮中では「曲水の宴」にて祓をおこなった。これが貴族の間で「上巳の祓」となり定

着していった。祓のときに用いた形代（紙の人形）に倣った人形を作り、その人形に穢れを移し、川や海に流して不浄を祓った。これが現在、各地に残る流し雛の風習となった。江戸時代以降、雛祭りとして民間に広まり、やがて上巳は雛の節供をさすようになり、上巳の節供と称

さるようになった。

雛祭りの口取りは、左列上から「小巻玉子」「桃花山芋」「新筍直鰹」「楤の芽浸し」「本諸子山椒煮」「白魚海胆焼」。中央列上から「鱒木の芽焼」「蝶甘藷」「飯蛸旨煮」「蕗の薹黄身揚」。右列上から「菱餅椶薯」「蓬麩田楽」「一寸豆生姜煮」「姫胡瓜昆布締」「螢烏賊旨酢」。「花弁百合根散らし」。

Hinamatsuri no Kuchitori

Sixteen delicacies prepared for the Girl's Festival, using ingredients typical of spring.

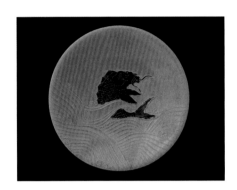

端午の節供

旧暦5月5日

Tango no Sekku Festival

On May 5th in the lunar calendar, carp streamers are flown, and people take a bath in water infused with bundles of Japanese iris leaves. It is also customary to eat carp and steamed rice cakes wrapped in bamboo leaves.

鯉の洗い（縮笹）

「端」は初めを意味し、端午とは毎月最初の午の日のこと。中国では五月五日は午の月午の日にあたり節日とした。6～7世紀頃の中国の古俗を伝える『荊楚歳時記』によると、この日には薬草をとり蓬の人形を門にかけて毒気を祓い、菖蒲酒を飲むなどして、災厄を除き病魔退散

を願った。楚の屈原が汨羅に身を投じて歿したのがこの日で、その霊を慰め祀るため粽を作って水に投ずる習わし（起源譚）は、『荊楚歳時記』では夏至節の行事となっている。

古来、日本では田植えが始まる時期に、早乙女が家に籠って穢れを祓い身を清めて田の神を迎える儀式「五月忌み」があった。端午は、これに平安時代中国から伝わった慣わしが結びついたもので、元々は女性の節供であった。東北地方あたりでは花菖蒲を早乙女花と呼ぶ。

鎌倉時代頃、菖蒲は「尚武」と同音で、菖蒲の葉が刀の形をしていることから男子の節供へとなっていった。

京都では、この日宮中で行われた騎射走馬の行事は賀茂競馬などによって今日に伝えられ、菖蒲と蓬の葉を束ね小屋根において火災避けと邪気祓いを願う慣わし（菖蒲葺き）も残る。

この日は物干しなどに鯉幟を立て、菖蒲湯に浸かり、鯉の料理・粽などを食べる。

「鯉の洗い」は、数日間清水で泳がし泥臭さを抜き、三枚におろして皮を引き、薄く削ぎ作りにして小骨を取り除き、冷水で洗い器に盛る。一般的には辛子酢味噌で食するが、臭みのないものは山葵醤油がよい。

Koi no Arai

Thinly sliced raw carp. The fish is kept in clean water for a few days to remove its muddy smell. It is then filleted, skinned and thinly sliced, before being washed in cold water and served in a bowl.

器：交趾荒磯高杯／永楽正全
Goblet, Kochi style, seashore design / EIRAKU Shōzen

器：楽焼糸巻蓋物
Bowl with lid, Raku-style earthenware, yarn pattern

鱸の笹蒸

七夕は、陰暦七月七日（現在は陽暦七月
七日におこなう所が多い）におこなわれ
る星祭の行事。

奈良時代には宮中の行事として、中国よ
り伝来した乞巧奠が行われた（755年よ
り）。「桃」「梨」「茄子」「瓜」「大豆」「干
鯛」「薄鮑」などを清涼殿の東庭に供え、
牽牛・織女の二星を祀った。『延喜式』（132
頁参照）には宮中にて織部司の行事として
七月七日に織女祭が行われたとある。江
戸時代に武家の年中行事として定着し、
五節供の一つとなった。笹竹を軒端に立
て五色の紙や糸を吊るす風習もこの頃か
ら始まったとされる。

七夕の名称は、日本では神を迎え祀るに
あたり、乙女が水辺の棚に設けた機屋に籠
り、神の降臨を待って一夜を過ごすとい
う伝承があった。このことから棚機女、
女棚機と呼ぶようになり、やがて「たな
ばた」と呼ばれ「七夕」の字をあてるよ
うになったという。

「鱸の笹蒸」は、明治時代末頃より作ら
れるようになったとされる夏の料理。
鱸は鱗をとり内臓・血合いなどを洗い流
し（水洗い）、おろして骨を除き切り身に
する。薄塩をあてしばらくおき、酒をふ
りかけ笹の葉で包んで蒸しあげる。出汁
を煮立て、味醂と淡口醤油で吸い加減に
調味した汁をはって供する。

七夕の節供

旧暦7月7日

Shichiseki no Sekku Festival

Tanabata, also known as the Star Festival,
was traditionally celebrated on July 7th in
the lunisolar calendar, which falls sometime
during August. However, many regions
now celebrate it on July 7th in the modern
calendar instead.

Suzuki no Sasamushi

Perch steamed in bamboo leaves is
a popular summer dish, thought to have
been enjoyed since around the beginning
of the 20th century. The fish is sliced into
fillets, wrapped in bamboo leaves and
steamed, then served in stock seasoned
with *mirin* and light soy sauce.

重陽の節供

旧暦9月9日

Chōyō no Sekku Festival

On September 9th in the lunisolar calendar, chrysanthemum decorations are put up, and people drink sake infused with chrysanthemum to wish for longevity.

菊菜菊花和え

重陽は、陰暦九月九日（現在は陽暦九月九日におこなう所が多い）におこなわれる節供。

古来、中国の易では陽数（奇数）の極である「九」が重なることから大変目出度い日とされ、「重陽」または「重九」と呼び、菊の花を飾り、菊酒を酌み交わし、長寿を願い祝った。この慣わしは、平安時代初期に日本へ伝わったとされ、宮中の儀礼「観菊の宴」となり盃に菊花をうかべた菊酒を酌み交わし、詩歌を詠じ、長寿を願った。江戸時代には、五節供の中でも最も重要な公的行事となり、武家は菊酒で、民間は粟御飯を炊いて祝ったとされる。

法輪寺では菊慈童を祀り、能楽「枕慈童」が奉納される。菊慈童が菊の露を飲み七百歳まで生きたという故事に因み、菊酒を飲み長寿・無病を祈願する。

上賀茂神社では、菊の被綿を神前に供える神事に続き、烏相撲の神事が行われる。市比売神社では菊の被綿が奉られ、菊の被綿と菊の御中ままりが授与される。

菊の被綿とは、重陽の前夜に菊の花に真綿を被せ、重陽の朝にその真綿で顔や身体を拭う行事。菊の露や香りが移った真綿で身を拭うことで長寿が保たれるとされた。1644（正保元）〜1651年（慶安4）頃、後光明天皇に贈るために編纂された『後水尾院當時年中行事』によると、白菊には黄色の被綿に赤色の蕊、黄菊には赤色の被綿に白色の蕊、赤菊には白色の被綿に黄色の蕊と記されている。

紫式部は「菊の露若ゆばかりに袖ふれて花のあるじに千代はゆづらむ」（『紫式部集』）と詠んだ。紫式部は藤原道長の娘藤原彰子（一条天皇の中宮）に仕え、源倫子（藤原道長の北の方）から菊の被綿を贈られた際の歌で、「菊の被綿で身を拭えば千年もの寿命を授かるということですが、私は若返る程度に少し袖を触れさせていただき、千年の寿命は花の持ち主であられる貴方様に御譲り申しましょう」という紫式部の思慮深さが偲ばれる歌である。

茱萸嚢とは、呉茱萸の実を入れた赤い袋（ぐみ袋）で、重陽の節供に腕や柱に懸け邪気を祓った。

菊花は、酢を加えた湯でサッと湯がき冷水にとって絞る。菊菜は塩を加えた湯で湯がき、冷水にとって適切な長さに切る。出汁に味醂と淡口醤油と柑橘類の果汁で調味し、菊花と菊菜を和える。乾燥の枸杞の実を調味出汁に浸してもどし、茱萸の実に見立て散らす。

Kikuna Kikuka-ae

Mixture of chrysanthemum flowers and leaves, seasoned with stock, *mirin*, soy sauce and citrus fruit juice.

器：乾山写色絵錆絵付染付菊向付
Plates, Kenzan style, colourful overglaze, chrysanthemum pattern

褻のおまわり

「褻」とはもともと普段着を表す漢字で、「褻にも晴
にも」とは、普段にも晴々しい折にもという意味。
京都では「晴れ食（行事食）」に対して、常日頃（日常）
の食事を「褻の食」という。
「おまわり（御回り）」とは女房詞で、御飯の菜いの
意味で、「おかず（御数）」とか「おめぐり（御巡り）」
ともいう。ここでは、京の代表的なおまわりを 9
品取り上げた。

Ke no Omawari (Ordinary Side Dishes)

In Kyoto, meals eaten on special occasions are
called "*hare shoku*," while everyday meals are
known as "*ke no shoku*." The term "*omawari*" was
used by court ladies to refer to side dishes, also
called "*okazu*" or "*omeguri*." Here, we introduce
nine typical *omawari* items.

器：交趾西王母鉢／永楽和全
Camellia-shaped bowl, Kochi style／EIRAKU Wazen

荒布炊き

荒布はコンブ目・コンブ科の海藻で、波の荒いところに直立して多数生じ海中林をつくる。茎は強靭でその上端は叉状に分岐して葉になり、毎年新しいものに代わる。西日本の一部で古くから若い葉を食用にしており、流通している乾燥荒布の殆どが、伊勢志摩で夏期に収穫されたものである。

京都では縁起を担いで末広がりの「八」の付く日に新たな良い芽が出ることを願い、荒布を炊いて食する習慣がある。

荒布にはカルシウム、食物繊維、βカロテン、タンパク質、ビタミンA、ビタミンB1、ビタミンB2、リン、ナトリウム、カリウム、鉄などを含んでおり栄養価が非常に高く、アルギン酸やヨードの原料にもなる。この豊富に含まれた栄養素が、昔から「荒布を食する慣わしを守る家からは、病人が出ない」といわれてきた所以である。

また、大文字（五山送り火）の8月16日は、先ず荒布を炊いてお精霊さんの精進膳へ一品として並べる。朝に荒布のもどし汁を門（玄関先）に撒き（送り荒布・追い出し荒布）、送り火の炎で夜空を照らし、13日に家にお迎えしたお精霊さんを泉下へと送る慣わしがある。

Aramedaki

In Kyoto, it is customary to eat simmered *arame* seaweed (also known as sea oak) on days that feature the number eight. This is also one of the dishes presented as an offering to the spirits of ancestors on the Gozan no Okuribi (Daimonji) festival in mid-August.

221

せんぎり

「せんぎり」とは材料を細く刻むことや、刻んだもののことで、「繊切」「千切」「線切」などの漢字をあてる。細いものから順に「針・小せん・中せん・大せん」などと呼ぶ。大根の繊切りを「千六本」と呼ぶのは「繊蘿ふ」（蘿ふは大根のこと）が転じたもの。

京都では、野菜や海産物の干したものを数種常備し、必要に応じもどして用いることが多い。代表的なおまわりの「切干し大根の炊いたん」もその一つで「せんぎり」と呼ばれる。

切り干し大根は、大根を皮ごと大せんに切り竹笊などに広げ、太陽光にあてて干す。乾燥したら取り込み、強火で20分ほど蒸して冷ます。干物用ネットなどに入れ風通しのよいところに吊し、時折混ぜながら干し上げ、ビニール袋などに移し冷蔵保存する。

調理は15分ほど水に浸けてもどし（浸け過ぎると食感が悪くなる）、おあげさん（油揚げ）と一緒にじゃこだし（いりこだし）で炊き、少量の砂糖と淡口醤油で調味する。総じて自然の太陽光と風に当て干したものは、甘味が生じて旨味が増し滋味深い味わいとなる。

Sengiri

Rehydrated dried daikon radish mixed with strips of deep-fried bean curd, cooked in fish stock seasoned with sugar and soy sauce.

器：丹波小向付　市野雅彦
Small cup, Tamba style / ICHINO Masahiko

空也蒸し

「空也蒸し」とは、豆腐を入れた茶碗蒸しに葛餡をかけた料理で、「空也豆腐」ともいう。空也派の僧侶が創製したからこの名があるとされる。空也上人は平安中期の僧で空也念仏の祖。市聖・阿弥陀聖と称せられ、六波羅蜜寺を建立した。

現在の茶碗蒸しは、魚肉や鶏肉にきのこや百合根や銀杏などを入れた茶碗に、溶き卵に出汁を加え調味して漉した卵液を注ぎ入れ、蒸して固めた料理をいう。

江戸時代の茶碗蒸しは、様々な具材を茶碗に入れ、山の芋を擂りおろしたものや豆腐を擂り潰したものに、栗・銀杏・生ゆばなどを擂り潰して混ぜ合わせ、水溶き葛を加えたものを注ぎ入れて蒸したものや、鰻・棒鱈・鯨肉などと百合根や木耳などを取り合わせ茶碗に入れて蒸し葛餡を掛けたものなどの卵を用いない茶碗蒸しと、現在と同様に魚介類と精進材料を入れた茶碗に、出汁などを加えてのばした卵液を注ぎ入れ、蒸して凝固させたものとがあった。

Kūyamushi

Chawan-mushi (steamed savoury egg custard) containing tofu, topped with kudzu root starchy sauce.

器：染付雷文輪花向付
Flower-shaped cup, meander pattern in cobalt underglaze

雪花菜炒り
（きらずいり）

「雪花菜（おから）炒り」は、雪花菜を炊いたおまわりのことで、晦日（月の末日）には必ず炊く習慣があった。

京の商家では晦日に集金に廻っていたことから、お得意先とのご縁が切れないように「きらず」、無事にお金が入るように「いる」と願い「きらずいり」と呼ばれた。道楽においても、ほんの数年前まで晦日に業者の方々が集金に来店し、支払後、判取帳に日付・金額を記入し証印を捺してもらっていた。江戸時代から用いられた判取帳の慣わしは、簿記の普及につれ次第に姿を消していった。

雪花菜炒りは、牛蒡・人参・椎茸・木耳・蒟蒻・葱・おあげさん（油揚げ）他、様々な材料を小さく切り油を敷いて炒め、雪花菜を加え出汁で炊き、砂糖、淡口醤油で調味して炊きあげる。また、冷蔵庫に残ったものを皆小さく切り、炒煮にして使いきり、新たな月を新たな食材で迎えるための料理でもある。

Kirazuiri

Finely chopped vegetables fried and mixed with tofu lees, then cooked in seasoned broth. This dish is customarily made on the last day of the month, and is a good way of using up leftover ingredients.

器：青磁鉢／清風与平
Celadon bowl／SEIFU Yohei

ひろうす

「ひろうす」は飛竜頭（ひりゅうず、ひりょうず）ともいい、混ぜる食材の銀杏が竜の目、百合根が鱗、木耳・人参が髭や毛、牛蒡が爪などを意味するともいわれる。元々はポルトガル語の filhos（フィリョース）からきた料理名とされる。filhos は小麦粉に牛乳・卵・バターなどを合わせ捏ねて丸め、油で揚げたものである。関東では鴈の肉に似せた精進料理とのことから「がんもどき」と呼ばれる。

ひろうすに用いる豆腐は布巾に包み重しをかけ、しっかり水気をきる。これを裏漉してすり鉢に入れ、藻塩を加えよく擂り、すりおろした捏芋を入れ擂り合わす。銀杏は茹で、茹でた木耳と人参は細切り、牛蒡は笹掻き、百合根はサッと茹でて先の豆腐生地と混ぜ合わす。

手に油を付けて丸にとり、150℃ほどに熱した油でゆっくりと揚げる。揚げたてを天出汁で、あるいは餡掛けにし露生姜を落として食べてもよい。炊く場合は出汁を火にかけ、酒・藻塩・淡口醤油・煮きり味醂で調味し、サッと炊いて溶き芥子を留める。

Hirousu

Deep-fried tofu mixed with ginkgo nuts and vegetables, served in starchy sauce.

器：萩掛分向付／納冨鳥雲
Bowl, Hagi style, two-toned glaze／NŌTOMI Chōun

夫婦炊き

江戸時代の料理書にみられる鮑友和は鮑の青腸（肝臓）で身を和えた料理である。親子丼は鶏肉を鶏卵で綴じたごはんもんで、烏賊の塩辛は烏賊の身を烏賊の肝で和えた料理である。このように同じ素材であるものを取り合わせた料理は相性がよく、多数存在する。

「夫婦炊き」とは、焼き豆腐と厚揚げや油揚げなどの揚げ豆腐を一緒に炊いた、京のおまわりである。夫婦のように相性がよい取り合わせの意からその名がある。

豆腐は中国前漢の淮南王劉安が発明したという説がある。日本へ渡来した時期は不明で、平安時代に春日大社への供物として「唐符」の記録がある。一般に広まったのは室町時代以降とされる。色や形が白壁に似ていることから、女房詞で「おかべ」「しらかべ」「しろ物」などとも呼ばれた。1782年（天明2）酔狂道人・何必醇が編者の『豆腐百珍』が刊行され、その続編・余録も刊行されるほど昔から豆腐料理は人気があった。特に京都の豆腐は美味とされ、江戸後期の『守貞漫稿』(38頁参照)には「今製京坂柔らかにて色白く美味也 江戸剛くして色潔白ならず味劣れり」と豆腐の硬さや味を評している。豆腐の製法は、水に浸けてもどした大豆を、石臼で擂りつぶす（現在は殆どが粉砕機を用いる）。これを呉といい、呉に水を加え加熱し布袋に入れて絞り、豆乳とおからに分ける。豆乳に天然苦汁（現在は人工苦汁、硫酸カルシウム、炭酸カルシウム、塩化カルシウム、グルコノデルタラクトンなども使用される）を加え固める。凝固剤の加え方や固め方は豆腐の種類により異なる。

木綿豆腐は豆乳が70℃くらいに冷めたところに凝固剤を入れ、もろもろした状態に凝固したら、四方に穴を開けた型箱に木綿布を敷き流し込む。箱に落とし蓋をして重しをのせ、余分な水分をきる。豆腐が固まったら箱のまま水に浸けて箱から豆腐を出し、しばらく浸け置き余分な凝固剤を抜いてから切る。型箱に木綿布を敷くので木綿豆腐という。

絹漉し豆腐は豆乳を濃いめに作り、凝固剤を穴のない型箱に入れ熱い豆乳を流し込み、水きりせずそのまま静置し固める。絹布を敷くわけではなく、水分が多く柔らかなところからついた名称である。

充填豆腐は、豆乳に凝固剤を混ぜ、包装型に入れ、90℃ほどの熱湯に40分間ほど浸けて固め、水槽で冷却する。

「夫婦炊き」に用いる焼き豆腐は、炭火で炙りこんがりと焼き目を付け、揚げ豆腐は少し水気をきり、大豆油でゆっくりと狐色に揚げる。これらを一緒に鍋に入れ、出汁をヒタヒタにはり酒を加えて火にかけ、砂糖と淡口醤油で加減してじっくり煮含める。

※篆刻家の曾谷学川といわれている。

Myōtodaki

Pieces of grilled and deep-fried tofu simmered together in stock with sake, seasoned with sugar and light soy sauce.

器：乾山写椿皿／矢口永寿
Bowl, Kenzan style, camellia design／YAGUCHI Eiju

胡麻豆腐

料理は時代の経過により姿を変えていくものが多いが、胡麻豆腐は昔から変わらぬ形・料理法で現在に受け継がれている。料理は白胡麻をパチパチと弾けだすまで気長に煎って、すり鉢でペースト状になるまで擂りつぶし、本葛と水を加えて水嚢で漉して火にかけ、木杓子で混ぜながら練りつめて流し缶に流し冷やし固める。適切なサイズに切り分けて器に盛り、山葵をすりおろして添え、割醤油をさして供する。味噌を添えたり餡掛けにする場合もある。

材料は実に簡素なため、胡麻・本葛・水の吟味と丁寧な調理法により、食感のよい滋味溢れる「胡麻豆腐」となる。以前は料理屋で頻繁に「胡麻豆腐」が練られており、昭和時代までは道楽の近くに瀬崎さんという上質な胡麻を用いた「あたり胡麻」専門店があり、各々の料理屋の好みに応じて胡麻の煎り加減を調整し、出来立てを届けてくれた。「胡麻豆腐」の豊かな奥深い味わいは何も変わることなく、遥かなる未来へも繋がる料理といえよう。

Gomadōfu

Sesame tofu, made by grinding parched white sesame into a paste and mixing it with kudzu root starch and water. While many foods evolve over time, this recipe has been preserved unchanged for centuries.

器：交趾荒磯向付／永楽和全
Small plates, Kochi style, seashore design／
EIRAKU Wazen

229

野菜豆

大豆は古くから日本人にとって大事な食糧源とされてきた。古代日本では自生しているツルマメを食糧としていたが、中国から栽培大豆が縄文時代から弥生時代初期に渡来したとされる。大豆には多くの品種があるが、気候や土壌など環境によって生育が左右されるため、地方によって栽培品種が異なる。近畿、九州における主な品種は「タマホマレ」「フクユタカ」「アキヨシ」などである。

京都では、大豆と野菜を炊いた「野菜豆」が常のおまわりとして食卓に並ぶ。

炊き方は、大豆を一晩水に浸けて柔らかくする。人参・牛蒡・蓮根・蒟蒻は大豆くらいの大きさに切って下茹でする。季節によっては筍なども入れる。大豆をザルにあげて鍋に入れ、かぶるくらいの水と二割ほどの酒を加え火にかける。煮立ってきたら灰汁を除き弱火で柔らかく茹で、人参・牛蒡・蓮根・蒟蒻などを加え、数回に分けて砂糖と淡口醤油で調味し、落し蓋をしてゆっくりと煮含める。

大豆からは様々な加工食品が作られる。大豆を完熟前に莢付きのまま収穫したものが「枝豆」である。大豆を炒って粉末にしたものが「きな粉」。「豆乳」は水に浸けて柔らかくした大豆を砕き、加熱して布袋に入れ絞って漉したもので、絞った残りかすがおからである。「湯葉」は豆乳を静かに煮たて表面に生じた薄い膜をすくい上げたもの。「豆腐」は豆乳に苦汁などを加え凝固させた食品である。豆腐からは「高野豆腐」「油揚げ」「ひろうす」などが作られる。また、「味噌」「醤油」「納豆」「大豆油」なども身近な加工食品として知られいる。

大豆にはタンパク質、食物繊維、カルシウム、マグネシウム、鉄、ビタミンE、ビタミンB1、ビタミンB2など多くの栄養素が含まれ、その働きは動脈硬化や高脂血症の予防、骨粗鬆症予防、肥満防止、痴呆症予防、便秘の改善、コレステロール値の改善、更年期障害の緩和、がんの抑制などが広く知られているところだが、他にも脂肪肝の改善をはじめ様々な効能が解明されてきており、ぜひ毎日の食事に取り入れ健康維持に役立てたい食品である。

Yasai Mame

Soybeans simmered with chopped
vegetables, seasoned with sugar and light
soy sauce.

器：染付群鶴文重／永楽妙全
Square porcelain box with lid, crane design in
cobalt underglaze / EIRAKU Myōzen

器：獅子金赤繪鉢（呉須赤繪玉取獅子鉢）　永楽保全
Bowl, colourful overglaze, lion design in gold／EIRAKU Hozen

にしん昆布

京料理の味わいは昆布の旨味に因るところが大きな部分を占める。『続日本紀』(142頁参照)では715年(和銅7)以前より奈良朝廷に昆布の奉納があったことが記されており、日本では古くから昆布が利用されていたことがわかる。日本近海には10余種の昆布が産するが、中でも「真昆布(産地名から茅部昆布ともいう)」「利尻昆布」「長昆布(産地名から十勝昆布ともいう)」「三石昆布」などが主に用いられる。「真昆布」は東北地方三陸沿岸から北海道南部にかけて分布するが、他は北海道沿岸に限られる。「利尻昆布」は利尻島周辺、日本海とオホーツク海の沿岸。道楽では礼文島の香深産天然「利尻昆布」を主に用いている。「三石昆布」は襟裳岬西方の三石町に因む名だが、この辺りは日高地方とも呼ばれるため「日高昆布」ともいう。「長昆布」は納沙布岬から国後島にかけてが主産地である。現在は、養殖技術の確立・普及につれ従来野生昆布が無かった有明湾、瀬戸内海、東京湾などでも育成が可能となった。

古くは陸奥国蝦夷からの輸送路は、日本海航路で敦賀や小浜に陸揚げされ京都へ運ばれた。江戸時代には北前船で大阪に荷揚げされたことから、現在も大阪での昆布の加工は盛んである。

昆布の含有成分は炭水化物類のラミナラン、アルギン酸、フコイジン、無機質のカリウム、ヨード、カルシウム、旨味の主体グルタミン酸、甘味成分マニトールなどがある。

「真昆布」や「利尻昆布」など肉厚種の2、3年葉を酢に浸け柔らかくし葉面に平行に板目式に削ったものが「おぼろ」、葉面に直角に柾目式に削ったものが「とろろ」で、白板昆布を更に削った「白おぼろ」「白とろろ」などもある。

出汁用には主に「利尻昆布」を使うが、場合によって「真昆布」を用いることもある。京都の出汁の主たる旨味は昆布のグルタミン酸やマニトールなどと鰹節のイノシン酸などの相乗効果にある。料理は鰊や鮭などの「昆布巻き」「塩昆布や佃煮」「魚介類の昆布締め」などに用いる。昆布の効用は甲状腺病の改善や高血圧の改善が期待できる。

京都では朔日に鰊と昆布を一緒に炊いて食べる慣わしがある。これには、鰊の渋みと昆布の語呂合せにかけて「この月も渋くこぶく始末して慎ましやかに暮らす」との思いが込められている。身欠き鰊は前以て米のとぎ汁に2日程浸けてもどし、鍋に入れ、かぶるくらいの水と三割ほどの酒を加えて火にかける。昆布は暫く酒に浸けて巻き込み等間隔に干瓢などで縛る。鰊を4時間ほど炊いて昆布を浸け汁と共に加え2時間程炊き、砂糖と濃口醤油で調味し、更に1時間程炊く。

Nishin Kombu

Dried herring is rehydrated in rice water, then slow-cooked in water and sake. After four hours, rolls of kelp are added, and the mixture is cooked for a few hours more, seasoning with sugar and soy sauce.

伝承菓子十二ヵ月

京名物といえば、上品で美しい和菓子を思い浮かべる人が多い。菓子とは食事の他に食べる嗜好品で、昔は果実・木の実が多く果子とも書いた。「果」や「菓」の字は木の実の意で、「くだもの」とは木の物を意味した。

奈良時代に中国から伝わった、米・麦の粉に甘葛、飴、蜂蜜などを加えてつくる団子のような食べ物は、唐菓子（からくだもの）と呼ばれ、果物の形に作ったものが多かった。現在は、主に米粉・小麦粉・葛粉・寒天などに砂糖・蜂蜜・水飴などを加えて生地を作り、種々の形にしたものいう。果実は水菓子・くだもの・水物と呼ぶ。

ここでは、道楽に伝わる菓子など京らしい菓子を月毎に12品取り上げた。

Confectionery for Twelve Months

Kyoto is renowned for its exquisite confectionery. Here, we introduce some typical sweets that might be served at DOURAKU: one for each month of the year.

睦月 <ruby>睦<rt>む</rt></ruby><ruby>月<rt>つき</rt></ruby>
January

<ruby>粟善哉<rt>あわぜんざい</rt></ruby>

新玉の年が始まり、<ruby>初寅<rt>はつとら</rt></ruby>の日には鞍馬寺や毘沙門堂で初寅大祭、<ruby>初卯<rt>はつう</rt></ruby>の日には上賀茂神社での<ruby>卯杖<rt>うづえ</rt></ruby>の神事、<ruby>初辰<rt>はつたつ</rt></ruby>の日には貴船神社で初辰神事、<ruby>初庚申<rt>はつこうしん</rt></ruby>の日には八坂庚申堂・猿田彦神社や尊勝院などで初庚申が執り行われる。

いろいろな七福神めぐり、初ゑびす、そして西七条奉射祭（松尾大社御旅所）、弓始め式（春日大社）、弓座（小倉神社）、歩射神事（走田神社）、通し矢（三十三間堂）、御弓神事（北白川天神宮）、武射神事（上賀茂神社）など、弓で的を射る行事が多く行われる。初弘法や初天神へ出向き露天を巡るのも楽しいものである。

一年初めの月の御菓子は、縁起の良い小豆（丹波大納言）を用い、渋切をして<ruby>茹<rt>ゆ</rt></ruby>で<ruby>暫<rt>しばら</rt></ruby>く水に<ruby>晒<rt>さら</rt></ruby>し、甘煮にしたものに、蒸して<ruby>搗<rt>つ</rt></ruby>いた粟を添え「粟善哉」とした。

Awa Zenzai

Adzuki beans with steamed millet. The beans are boiled and rinsed with water to remove their astringency, soaked for a while, and then sweet boiled.

器：時代朱塗鶯宿梅蒔絵椀
Antique lacquered bowl with lid, nightingale on plum tree design in *maki-e*

235

如月
きさらぎ

黒水煎
くろすいせん

冬と春の境にあたる節分は昔から最も重要な日とされ、京都の方々の社寺で追儺の式が執り行われる。吉田神社・壬生寺・千本釈迦堂・平安神宮・鞍馬寺・廬山寺・八坂神社・岩清水八幡宮・北野天満宮・伏見稲荷大社・上賀茂神社・下鴨神社・六波羅蜜寺・聖護院……など各社寺各々で特徴ある行事となっている。
「水煎（水泉、水纖、水蟾）」とは葛粉を水で溶き水せん鍋に薄く流し入れ、湯煎にかけ半透明になったらそのまま煮立った湯に入れ、火が通ったら冷水に浸けて剥がしとり細切りにした、現在の葛切りのようなもので、室町時代の成立とされる。
「黒水煎」は、吉野葛に黒糖と水をよく混ぜ合わせて鍋に入れ、火にかけ木ベラで混ぜながら練って、百合根をサッと甘煮にしたものを射込み、ラップで包んで、暫く茹で冷水にとったもの。
吉野葛の名は奈良県吉野の国栖に上質なものが産することに由来する。
「紅炉上一点雪」いろりの炭の上に雪が舞うイメージから如月の御菓子とした。

Kurosuisen

Jelly-like sweets made by quickly cooking sweetened lily bulbs in a mixture of black sugar, water and kudzu root starch, then wrapping and allowing to cool.

器：奥谷秋石／三島平鉢
Flat bowl, Mishima style／OKUTANI Shūseki

桜餅

桜餅は、餡を糯米や小麦粉などで作った皮で包み、塩漬けの桜の葉で巻いた菓子。桜の香気が餅に移り春の味わいとして昔から広く親しまれてきた。

商品として文献に現れるのは、元禄年間（1688～1704）に江戸向島の桜堤にある長命寺のものが最も古い。長命寺の寺男・山本新六が墓参に訪れた人を手製の桜餅でもてなしたことが始まりとされ、1835年（天保6）に刊行された『江戸名物詩選初編』にも名を連ねている。当初は、漉し餡を包む皮に粳米を用いたが、葛粉、小麦粉へと変遷した。現在の桜餅の餡を包む皮は、上方では道明寺粉（糯米）を用い、関東では小麦粉と白玉粉を合わせたものを用いることが多い。

道明寺粉に自然由来の食紅で淡く染めた熱湯を加え、暫く密封してもどし、砂糖を混ぜ合わせて柔らかく蒸しあげる。

漉し餡を蒸した道明寺粉で包み込み、塩漬けの桜の葉を水に晒し軸の部分を削ぎとったもので巻く。

Sakuramochi

Sweet bean paste enclosed in glutinous rice or wheat flour, served wrapped in a salted cherry leaf.

器：吉野山手鉢／華光山窯　白萩小皿／納冨鳥雲
Handled bowl, Mt. Yoshino scenery design／
Kakōzan kiln
Small plate, white glaze, Hagi style／NŌTOMI
Chōun

March 弥生

てんてら焼き

4月20日は建仁寺で「四頭茶会」、21～29日は壬生寺で重要無形民族文化財指定の「壬生大念仏狂言」が行われる。

「てんてら焼き」は、小麦粉に砂糖を加え練って、えんどう豆や一寸豆・南瓜・さつま芋・小豆餡などを包み、鉄鍋で焼いた菓子。京都の丹波あたりで、昭和中期頃までよく作られており、この季節はえんどう豆や一寸豆の餡を用いる。

今回は、ふんわりと焼き上げた生地二枚で餡を挟む方法を用いた。

卵をよく溶いて砂糖を加え、泡立器で混ぜ合わせる。水で溶いた重曹を加え蜂蜜・醤油を混ぜ入れて、篩にかけた薄力粉を合わせ、水を加えて生地のかたさを調整し半時間ほどおく。

厚めの鉄鍋などに油を薄く敷いて生地を焼き、焼色がついたら返してもう片面もサッと焼く。これでえんどう豆の餡を挟み春の味わいとした。

Tenterayaki

Sweet paste sandwiched between two flour patties, cooked in a cast iron pan. This version uses sweetened pea paste for a seasonal touch, but it can also be made with pumpkin or sweet potato.

器：皮鯨銅鑼鉢／濱田庄司
Gong-shaped bowl, brown rim／HAMADA Shōji

April 卯月

皐月
May
さつき

器：三島食籠
Food container, Mishima style

竹ん筒

五月は京都三大祭のひとつ葵祭が執り行われる。葵祭は石清水祭、春日祭と並ぶ三大勅祭で、奈良時代に始まり由緒正しく格式の高い典雅な祭礼である。竹ん筒とは竹の筒に羊羹を流し入れた菓子。
中国、楚辞文学の創始者と称せられる戦国時代の楚の王族の屈原（前340頃〜前278頃）は、懐王（在位前328〜前299）の左徒（副宰相）として仕え活躍したが、彼の有能ぶりを妬んだ同僚の讒言により失脚した。ついで即位した頃襄王の初年、屈原と意見を異にする令尹（宰相）の子蘭（頃襄王の末弟）らの陰謀によって王の怒りを買い、都の郢から追放された。屈原は洞庭湖のあたりを放浪し、最後は汨羅（湖南省湘陰県北部の川）に身を投げた。

その日は旧暦5月5日・端午の節供にあたり、姉が屈原の霊を弔うため竹筒に米や餅を詰め川に投じ、民もそれに倣ったという。端午の節供に粽を食べる慣わしは屈原の亡魂を祀る行事に由来する。
寒天を水に浸けふやかし、絞って鍋にちぎり入れ水を加えて煮溶かす。砂糖と漉し餡を加えて木べらで練り、目の細かい篩で漉して再び火にかけて煮詰め、荒熱をとり（約50℃）、青竹の筒に流し入れて冷やし固め、笹の葉を巻いて蓋をする。

Takenzutsu

Sweet bean paste poured into a bamboo cylinder and chilled.

239

水無月 (み な づき)

June

水無月

「水無月」の語源は諸説あり「暑熱激しく、水泉が滴り尽きる」とか「農事がみな為尽きてしまう」からとか「5月に植えた早苗がみな根づいた」とか様々にいい伝えられる。

菓子の水無月は氷室と関係があり、『延喜式』(132頁参照) によると氷戸が山城・大和・河内・近江・丹波などに21室あり、平城京の長屋王宅跡から長屋王家へ夏に氷を進上した木簡などが出土し、奈良時代初期の氷室の実態がうかがえ、朝廷とは別に王族も独自に氷室を運営していたことが判った。

水無月の命名は、池に張った氷を切り取り西賀茂北部の氷室に貯蔵し、陰暦六月朔日に朝廷に献納する「氷室の節供」が行われたことに由来する。夏の氷は貴重で貴族の食べ物であったため、庶民は新麦を挽いた小麦粉で蒸し菓子を作り、暑気払いに氷に見立て三角に切って六月晦日に食べ、厄を祓う慣わしとなった。

水無月は白玉粉に水を加えて捏ね、葛粉、薄力粉、上新粉を混ぜ合わせて生地を作り、2割ほど残し流し缶に入れ蒸しあげる。蜜煮にした大納言小豆と残り2割の生地を合わせて蒸した生地の上に流し敷き詰めて更に蒸しあげ、冷めたら三角形に切る。

六月の晦日は方々の神社で「夏越の祓」(水無月の祓い・六月祓) が行われ、茅の輪をくぐり、人形を流して半年の厄や穢れを祓い清め、残り半年の無事を祈る。

Minazuki

Steamed rice cake topped with sweet simmered adzuki beans. After being steamed together, the mixture is allowed to cool, then cut into triangular pieces.

器：模乾山絵替皿／白井半七
Plates, various Kenzan-style illustrations/
SHIRAI Hanshichi

文月
July
ふみづき

祇園会粽
ぎおんえちまき

京都の文月は朔日の「吉符入」から晦日の「疫神祭」までのひと月間「祇園祭」一色となる。

「祇園祭」は正式には「祇園御霊会」または「祇園会」といい、京都三大祭りのひとつで、平安時代869年に疫病が流行した折に、インド祇園精舎（祇樹給孤独園精舎の略）の守護神・牛頭天王を迎えて神泉苑に6本の鉾を立て疫病退散を祈願したのが始まりとされる。

牛頭天王は日本の荒ぶる神、素戔嗚尊と習合し八坂神社の祭神として祀られた。この神を喜ばすために、絢爛たる懸装品で飾り、歌舞音曲で囃し立てたという。

山鉾は時代とともに増えたが、1467年（応仁元）〜1477年（文明9）まで続いた応仁の乱で「祇園祭」は一旦途絶え、20年後の1496年（明応5）に町衆の手によって再興された。京町衆の信仰心と美意識が結合した山鉾巡行は荘厳華麗な文化財の行列でもある。

「祇園祭」に「我蘇民将来之子孫也」と書いた護符を粽や挿頭華に付け厄除けとする。「備後国（現広島県東部）風土記」の逸文によると、蘇民将来と巨旦将来という兄弟おり、須佐雄神が一夜の宿を借りるため、裕福な弟の巨旦将来を訪ねたが無下に断られ、貧しい兄の蘇民将来は手厚く迎え、茅の床に粟飯などで歓待した。その御礼に茅の輪を残し「蘇民将来之子孫」といって腰に着けていれば厄病を免れると告げた。間もなく厄病によってみんな死んでしまったが、蘇民将来の家族は助かったという。

粽は上新粉（粳米の粉）と餅粉（糯米の粉）を合わせて熱湯を加えながら捏ねて蒸す。生地が透き通ったら取り出し、よく搗いて、篩を通した砂糖を少しずつ加え、水を足して硬さを調整しながら搗きあげる。これを円錐形に整えて笹の葉で包み藺草で巻く。

Gion-e Chimaki

Steamed rice cakes wrapped in bamboo leaves. They are named after the Gion Matsuri, one of Kyoto's three major festivals, thought to date back to the 9th century.

器：気泡硝子端反皿
Bubble glass plate, raised edges

葉(は)月(づき)

August

西瓜ソルベ

京都の八月はお盆に纏(まつ)わる行事が多い。「六道まいり(8/7〜8/10)」で迎え鐘を撞(つ)いてお精霊(しょうらい)さん(先祖の霊)を迎え、大文字の送り火で浄土に送る。万灯会(まんとうえ)は壬生寺、東大谷、六波羅蜜寺などで行われ、浴衣姿の参詣者も多い。

空也上人が始めた踊躍念仏(ゆやく)が起源とされる六斎念仏(ろくさいねんぶつ)が方々の寺で行われる。六斎念仏には念仏を唱えながら鉦(しょう)や太鼓をたたく念仏六斎と念仏の途中に芸能を取り入れた娯楽性豊かな芸能六斎がある。壬生寺、千本閻魔堂(せんぼんえんま)、円覚寺、西方寺(さいほうじ)(苔寺)、地蔵寺、浄禅寺、阿弥陀寺、上善寺、蔵王堂光福寺(ざおうどう)、吉祥院天満宮、梅宮大社などで行われる。

この時期のデザートは、かき氷や西瓜が一番に思い浮かぶ。「西瓜ソルベ」は西瓜の果肉を切って種を除き、和三盆(わさんぼん)を合わせてしばらくおき水分が出てきたら、グランマルニエを加えソルベマシンにか

ける。種に見立てるチョコレートは、ビターのクーベルチュールを刻んでボウルに入れ、47〜48℃の湯で湯煎(ゆせん)して完全に溶けたら、水の入ったボウルに重ねて27℃まで下げ、再び47〜48℃の湯に重ねて湯煎し30℃になったら湯煎からはずしてへらで混ぜ合わせ艶を出し、クッキングシートの上に西瓜の種の大きさにとって並べ、冷やし固める。出来上がった「西瓜ソルベ」に混ぜ合わせることで西瓜らしさが増す。

Suika Sorbet

Sorbet of watermelon pulp mixed with refined Japanese sugar and Grand Marnier, topped with mock seeds made from couverture chocolate.

器：手吹硝子高坏(たかつき)・敷銀皿
Goblet, hand-blown glass
Silver saucer

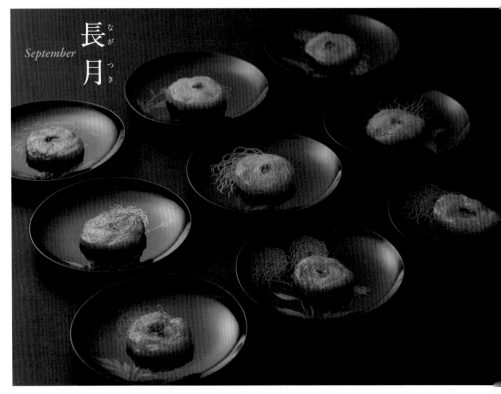

干笑果（ひしょうか）

京都の長月は、月見の宴や祭が各所で営まれる。勝龍寺城公園では「名月の宴」、北野天満宮や平野神社では「名月祭」、大覚寺では「観月の夕べ」、下鴨神社では「名月管弦祭」などがある。

無花果は石榴や葡萄と並び最も古い栽培果樹の一つで、旧約聖書にもみられ、中国でも唐の時代には栽培されており、日本には江戸時代に伝来し「唐柿（とうがき）」とも呼んだ。
中国での呼び名「映日果＝インジークォ」が転音し日本で「いちじく」と呼ばれるようになり、外見からは花をつけないように見えることから「無花果」の漢字が当てられた。

前年に着生した幼果が7月頃に熟した夏果（かか）と、新梢に着生し8〜10月に熟した秋果（しゅうか）とがある。

明治時代より道楽に伝わる「干笑果」とは、無花果を檸檬果汁を加えた葡萄酒で炊き天日で干したもので、ごく弱火でゆっくりと焙（あぶ）ったものは「炙笑果（せきしょうか）」という。

Hishōka

Figs cooked in wine and lemon juice, then dried in the sun.

器：絵替糸菊蒔絵皿／長野横笛
Lacquered plates, chrysanthemum design in *maki-e*/ NAGANO Ōteki

柿羊羹

神無月の京は町の至るところで祭が行われ、神と人が交わる秋祭闌の頃となる。御香宮祭（御香宮神社）、瑞饋祭（北野天満宮）、春日祭（春日神社）、名月祭（北野天満宮）、今宮神社例大祭、繁昌大国祭（下鴨神社）、粟田祭（粟田神社）、牛祭（広隆寺）、平岡八幡宮例祭、金比羅秋期大祭（安井金比羅宮）、梨木神社例祭、萬福寺人形供養（宝鏡寺）、引声阿弥陀経会（真如堂）、船岡祭（建勲神社）、城南宮神幸祭、大将軍八神社例祭、保津の火祭（請田神社）、鞍馬の火祭（由岐神社）、石座火祭（石座神社）、抜穂祭（伏見稲荷大社）など他にも実に多くの祭事が行われる。中でも22日の時代祭は京都三大祭の一つで、王城千年の歴史を目の当たりにすること

ができ、一大時代風俗絵巻と称される。「柿羊羹」は、熟柿を用いて皮と種を除き、裏漉す。水に浸けもどした寒天を煮溶かし、砂糖を加え煮詰め漉したところへ、先の柿ピューレと合わせて練り、ブランデーを加えて風味をつけ、流し缶に入れ固める。

Kaki Yōkan

Sweetened jelly made from a mixture of persimmon puree, agar and sugar, with a dash of brandy.

器：色繪竜田川透鉢／永楽和全
Openwork bowl, Tatsutagawa river design／
EIRAKU Wazen

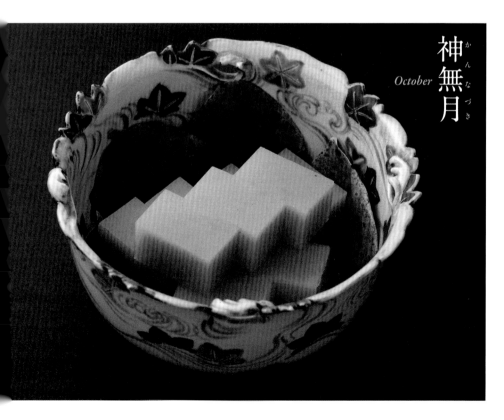

神無月
October
かんなづき

栗椿

霜月初めの亥の日亥の刻には、炬燵に練炭、火鉢に炭を入れる慣わしがある。茶人にとってこの月は「開炉」の大事な月で、釜を風炉から炉に掛け替え、道具類なども全て炉用に替えて用いる。

京都の多くの神社では「おひたきさん」と呼ばれる火焚祭が行われ、無病息災・家内安全・萬福招来を祈願する。

「栗椿」は道楽伝承菓子の一つで、丹波栗を用いて、甘露煮と渋皮煮を炊く。栗甘露煮は、湯に浸け鬼皮と渋皮を剥きしばらく水に晒し、水を加えて火にかけ10分間ほど茹で、流水に晒す。タオルに上げ水をきり、梔子の実を加えた糖蜜で15分間ほど炊き、一晩浸けおく。

渋皮煮は甘露煮と同様に栗を傷付けないように鬼皮を剥き、重曹を加えて火にかけ弱火で15分間ほど炊き、流水に晒す。水を換え弱火で15分間ほど茹でることを3度繰り返し、渋皮のスジを竹串で丁寧に取り除く。これを紙蓋をして糖蜜で15分間ほど煮含め一晩おき、更にザラメ（白双糖）を加え再びトロ火で15分間ほど炊き、醤油を加えて火を止め一晩浸けおく。栗の甘露煮・渋皮煮を各々裏漉して栗餡を作り、甘露煮の餡で渋皮煮の餡玉を包み込み、蕾が膨らんだ椿を形作る。

Kuri Tsubaki

One of DOURAKU's signature sweets: a camellia made from two varieties of chestnut paste.

November

霜月

器：時代松溜皿
Antique lacquered plate

編笠柚子
あみがさゆず

師走の語源は、家々で僧侶（師）を迎え
仏事を行うため、僧侶が忙しく走り回る
「師馳せ月」が転じたものとか、四時（四
季）の果てる月で「四極月」といったの
が「しはす」となった、など諸説あるが、
師走の持つ語感が暮れの慌ただしさと合
致し、現在も親しまれ用いられている。
師走の京の町はせわしなく、13日の「事
始め」から正月を迎えるための支度に取
り掛かる。

水尾の柚子を用いた「編笠柚子」は、昔
から伝わる菓子。柚子の皮を下ろし金で
削り取り、縦半分に切って皮を破らない
ように果肉部分を取り除く。これを鍋に
移し被るくらいの水をはって火にかけ、

沸騰したら流水に晒すことを4度繰り返
す。皮の内側の筋を取り除き、タオルに
上げて水分をきり、蜜煮にする。編笠の
形に似ることからこの名がある。白餡に
白味噌と柚子果汁を加えて炊き、擂りお
ろした柚子皮を混ぜ合わせて柚子味噌餡
を作り、中に射込む場合もある。

Amigasa Yuzu
Candied yuzu citrus peel, with a curved
shape resembling a braided straw hat
(*amigasa*).

器：模乾山大根繪鉢／白井半七
Bowl, Kenzan-style radish design／SHIRAI
Hanshichi

二十四節気七十二候
The 24 *Sekki* and 72 *Kō*

季	節	二十四節気	七十二候日取り	宣明暦 862～1684	貞享暦 1685～1754	宝暦暦・寛政暦 1755～1797・1798～1842
春	初春	立春（りっしゅん） 2/4、5頃	初候 2/4～2/8頃	東風解凍	東風解凍	東風解凍
			次候 2/9～2/13頃	蟄虫始振	梅花乃芳	黄鶯睍睆
			末候 2/14～2/18頃	魚上氷	魚上氷	魚上氷
		雨水（うすい） 2/18、19頃	初候 2/19～2/23頃	獺祭魚	土脈潤起	土脈潤起
			次候 2/24～2/28頃（平年）	鴻雁来	霞彩碧空	霞始靆
			末候 3/1～3/5頃	草木萌動	草木萌動	草木萌動
	仲春	啓蟄（けいちつ） 3/5、6頃	初候 3/6～3/10頃	桃始華	蟄虫啓戸	蟄虫啓戸
			次候 3/11～3/15頃	倉庚鳴	寒雨間熟	桃始笑
			末候 3/16～3/20頃	鷹化為鳩	菜虫化蝶	菜虫化蝶
		春分（しゅんぶん） 3/20、21頃	初候 3/21～3/25頃	玄鳥至	雀始巣	雀始巣
			次候 3/26～3/30頃	雷乃発声	雷乃発声	桜始開
			末候 3/31～4/4頃	始電	桜始開桃始笑	雷乃発声
	晩春	清明（せいめい） 4/5、6頃	初候 4/5～4/9頃	桐始華	玄鳥至	玄鳥至
			次候 4/10～4/14頃	田鼠化為鴽	鴻雁北	鴻雁北
			末候 4/15～4/19頃	虹始見	虹始見	虹始見
		穀雨（こくう） 4/20、21頃	初候 4/20～4/24頃	萍始生	葭始生	葭始生
			次候 4/25～4/29頃	鳴鳩払其羽	牡丹華	霜止出苗
			末候 4/30～5/4頃	戴勝降于桑	霜止出苗	牡丹華

季	節	二十四節気	七十二候日取り	宣明暦 862〜1684	貞享暦 1685〜1754	宝暦暦・寛政暦 1755〜1797・1798〜1842
夏	初夏	立夏（りっか）5/5、6頃	初候 5/5〜5/9	螻國鳴（ろうこくなく）	鶡始鳴（ほととぎすはじめてなく）	鼃始鳴（かえるはじめてなく）
			次候 5/10〜5/14頃	蚯蚓出（きゅういんいず）	蚯蚓出（みみずいず）	蚯蚓出（きゅういんいず）
			末候 5/15〜5/20頃	王瓜生（おうかしょうず）	竹笋生（ちくじゅんしょうず）	竹笋生（ちくかんしょうず）
		小満（しょうまん）5/21、22頃	初候 5/21〜5/25頃	苦菜秀（くさいひいず）	蚕起食桑（かいこおきてくわをくらう）	蚕起食桑（かいこおこってくわをくらう）
			次候 5/26〜5/30頃	靡草死（びそうかる）	紅花栄（こうかさかう）	紅花栄（こうかさかう）
			末候 5/31〜6/5頃	小暑至（しょうしょいたる）	麦秋至（ばくしゅういたる）	麦秋至（ばくしゅういたる）
	仲夏	芒種（ぼうしゅ）6/6、7、8頃	初候 6/6〜6/10頃	蟷螂生（とうろうしょうず）	蟷螂生（とうろうしょうず）	蟷螂生（とうろうしょうず）
			次候 6/11〜6/15頃	鵙始鳴（もずはじめてなく）	腐草爲螢（ふそうほたるとなる）	腐草爲螢（ふそうほたるとなる）
			末候 6/16〜6/20頃	反舌無声（はんぜつこえなし）	梅始黄（うめはじめてきなり）	梅子黄（うめのみきなり）
		夏至（げし）6/21、22頃	初候 6/21〜6/26頃	鹿角解（しかのつのおつ）	乃東枯（だいとうかるる）	乃東枯（ないとうかるる）
			次候 6/27〜7/1頃	蜩始鳴（せみはじめてなく）	分竜雨（ぶんりゅううす）	菖蒲華（しょうぶはなさく）
			末候 7/2〜7/6頃	半夏生（はんげしょうず）	半夏生（はんげしょうず）	半夏生（はんげしょうず）
	晩夏	小暑（しょうしょ）7/7、8頃	初候 7/7〜7/11頃	温風至（うんぷういたる）	温風至（おんぷういたる）	温風至（おんぷういたる）
			次候 7/12〜7/16頃	蟋蟀居壁（しっしつかべにおる）	蓮始華（はすはじめてはなさく）	蓮始華（はすはじめてはなさく）
			末候 7/17〜7/22頃	鷹乃学習（たかすなわちがくしゅうす）	鷹乃学習（たかすなわちがくしゅうす）	鷹乃学習（たかすなわちがくしゅうす）
		大暑（たいしょ）7/23、24頃	初候 7/23〜7/28頃	腐草爲螢（ふそうほたるとなる）	桐始結花（きりはじめてはなをむすぶ）	桐始結花（きりはじめてはなをむすぶ）
			次候 7/29〜8/2頃	土潤溽暑（つちうるおいてじょくしょ）	土潤溽暑（つちうるおいてじょくしょ）	土潤溽暑（つちうるおいてじょくしょ）
			末候 8/3〜8/6頃	大雨時行（たいうときにゆく）	大雨時行（たいうときにゆく）	大雨時行（たいうときどきおこなう）

季　節		二十四節気	七十二候日取り	宣明暦 862～1684	貞享暦 1685～1754	宝暦暦・寛政暦 1755～1797・1798～1842
秋	初秋	立秋 （りっしゅう） 8/7、8頃	初候　8/7～8/12頃	涼風至 （りょうふういたる）	涼風至 （りょうふういたる）	涼風至 （りょうふういたる）
			次候　8/13～8/17頃	白露降 （はくろくだる）	山沢浮雲 （さんたくにうきぐもあり）	寒蟬鳴 （かんせんなく）
			末候　8/18～8/22頃	寒蟬鳴 （かんせんなく）	霧色已成 （むしょくすでになる）	蒙霧升降 （もうむしょうこう）
		処暑 （しょしょ） 8/22、23、24頃	初候　8/23～8/27頃	鷹乃祭鳥 （たかすなわちとりをまつる）	寒蟬鳴 （ひぐらしなく）	綿柎開 （めんぷひらく）
			次候　8/28～9/1頃	天地始粛 （てんちはじめてしじむ）	天地始粛 （てんちはじめてしじまる）	天地始粛 （てんちはじめてしゅくす）
			末候　9/2～9/7頃	禾乃登 （かすなわちみのる）	禾乃登 （こくものすなわちすすむ）	禾乃登 （くわすなわちみのる）
	仲秋	白露 （はくろ） 9/8、9頃	初候　9/8～9/12頃	鴻雁来 （こうがんきたる）	草露白 （そうろしろし）	草露白 （そうろしろし）
			次候　9/13～9/17頃	玄鳥帰 （げんちょうかえる）	鶺鴒鳴 （せきれいなく）	鶺鴒鳴 （せきれいなく）
			末候　9/18～9/22頃	羣鳥養羞 （ぐんちょうしゅうやくしなう）	玄鳥去 （つばめさる）	玄鳥去 （げんちょうさる）
		秋分 （しゅうぶん） 9/23、24頃	初候　9/23～9/27頃	雷乃収声 （かみなりすなわちこえをおさむ）	鴻雁来 （こうがんきたる）	雷乃収声 （らいすなわちこえをおさむ）
			次候　9/28～10/2頃	蟄虫坏戸 （ちっちゅうとをとざす）	蟄虫坏戸 （ちっちゅうとをます）	蟄虫坏戸 （ちっちゅうとをはい）
			末候　10/3～10/7頃	水始涸 （みずはじめてかる）	水始涸 （みずはじめてかる）	水始涸 （みずはじめてかる）
	晩秋	寒露 （かんろ） 10/8、9頃	初候　10/8～10/12頃	鴻雁来賓 （こうがんらいひんす）	棗栗零 （なつめおつ）	鴻雁来 （こうがんきたる）
			次候　10/13～10/17頃	雀入大水為蛤 （すずめたいすいにいりこはまぐりとなる）	蟋蟀在戸 （こおろぎとにあり）	菊花開 （きくかひらく）
			末候　10/18～10/22頃	菊有黄華 （きくにこうかあり）	菊花開 （きくかひらく）	蟋蟀在戸 （しっそくこにあ）
		霜降 （そうこう） 10/23、24頃	初候　10/23～10/27頃	豺乃祭獣 （さいすなわちものをまつる）	霜始降 （しもはじめてふる）	霜始降 （しもはじめてふる）
			次候　10/28～11/1頃	草木黄落 （そうもくこうらくす）	蔦楓紅葉 （つたもみじこうようす）	霎時施 （しぐれときどきほどこす）
			末候　11/2～11/6頃	蟄虫咸俯 （ちっちゅうことごとくふす）	鶯雛鳴 （うぐいすのひなく）	楓蔦黄 （ふうかつなり）

季 節		二十四節気	七十二候日取り	宣明暦 862〜1684	貞享暦 1685〜1754	宝暦暦・寛政暦 1755〜1797・1798〜1842
冬	初冬	立冬（りっとう）11/7、8頃	初候 11/7〜11/11頃	水始氷（みずはじめてこおる）	山茶始開（さざんかはじめてひらく）	山茶始開（さんちゃはじめてひらく）
			次候 11/12〜11/16頃	地始氷（ちはじめてこおる）	地始凍（ちはじめてこおる）	地始凍（ちはじめてこおる）
			末候 11/17〜11/21頃	野鶏入水為蜃（やけいみずにいりおおはまぐりとなる）	霎乃降（こさめすなわちふる）	金盞香（きんせんこうばし）
		小雪（しょうせつ）11/22、23頃	初候 11/22〜11/26頃	虹蔵不見（にじかくれてみえず）	虹蔵不見（にじかくれてみえず）	虹蔵不見（にじかくれてみえず）
			次候 11/27〜12/1頃	天気上騰地気下降（てんちじょうとうちきかこう）	樹葉咸落（じゅようみなおつ）	朔風払葉（きくふうきをはらう）
			末候 12/2〜12/6頃	閉塞而成冬（へいそくしてふゆをなす）	橘始黄（たちばなはじめてきなり）	橘始黄（たちばなはじめてきなり）
	仲冬	大雪（たいせつ）12/7、8頃	初候 12/7〜12/11頃	鶡鳥不鳴（かっちょうなかず）	閉塞成冬（へいそくしてふゆをなす）	閉塞成冬（へいそくしてふゆとなる）
			次候 12/12〜12/15頃	虎始交（とらはじめてつるむ）	熊蟄穴（くまあなにかくる）	熊蟄穴（くまあなにちっす）
			末候 12/16〜12/21頃	茘挺出（れいていいずる）	水泉開（すいせんひらく）	鱖魚群（けつぎょむらがる）
		冬至（とうじ）12/21、22頃	初候 12/22〜12/26頃	蚯蚓結（きゅういんむすぶ）	乃東生（だいとうしょうず）	乃東生（ないとうしょうず）
			次候 12/27〜12/31頃	麋角解（びかくげす）	麋角解（びかくげす）	麋角解（びかくげす）
			末候 1/1〜1/4頃	水泉動（すいせんうごく）	雪下出麦（せっかむぎをいだす）	雪下出麦（せっかむぎをいだす）
	晩冬	小寒（しょうかん）1/5、6頃	初候 1/5〜1/9頃	雁北郷（かりきたにむかう）	芹乃栄（せりすなわちさかう）	芹乃栄（せりすなわちさかう）
			次候 1/10〜1/14頃	鵲始巣（かささぎはじめてすくう）	風気乃行（ふうきすなわちゆく）	水泉動（すいせんうごく）
			末候 1/15〜1/19頃	野鶏始雊（やけいはじめてなく）	雉始雊（きじはじめてなく）	雉始雊（ちはじめてなく）
		大寒（たいかん）1/20、21頃	初候 1/20〜1/24頃	雞始乳（にわとりはじめてにゅうす）	款冬華（ふきのとうはなさく）	款冬華（かんとうはなさく）
			次候 1/25〜1/29頃	鷙鳥厲疾（しちょうれいしつ）	水沢腹堅（すいたくあつくかたし）	水沢腹堅（すいたくふくけん）
			末候 1/30〜2/3頃	水沢腹堅（すいたくあつくかたし）	鶏始乳（にわとりはじめてにゅうす）	鶏始乳（にわとりはじめてにゅうす）

あとがき

飯田 知史

古来、日本人の暮らしは季節と共にある。

山野の幸、海の幸、川・湖の幸、里の作物など、日本の食材も季節と共にめぐり来る。

京料理は、食材がもたらす季節感を敏感にとらえ、日本人独自の感性をもって、細やかな風情や美しさを、器との調和をはかり表現する。

海の向こうの料理が日常に溢れる今日、日本ならではの季節を織り込み味わう料理を日々研鑽し、古きに学び、時代に即した料理を考え、詩的で微妙な味わいの京料理をつくり続けることは、遥かなる未来の日本料理へと繋がっていく。

本書の制作にあたり、お声がけいただいた光村推古書院の合田有作社長、上野昌人氏、撮影の鈴木誠一氏はじめお力添えを賜った諸氏に心より御礼申し上げたい。

（いいだ さとし　京料理道楽　十四代目当主）

Afterword

IIDA Satoshi

Japanese people have always lived according to the season.

Whether it is the harvest from our fields and mountains, the catch from our seas, rivers and lakes, or the produce from our villages, each ingredient in Japan tells its own seasonal story. Kyoto cuisine is acutely sensitive to the seasonality of ingredients, using harmonious plating and a distinctive Japanese sensibility to express their subtle elegance and beauty. Nowadays, we have access to an abundance of delicacies from overseas, but I intend to focus on deepening my understanding of Kyoto cuisine, incorporating the seasonal nuances that are unique to Japan. By learning from my predecessors while moving with the times, I hope to create something subtle and poetic, and help usher Japanese cuisine into the future.

I'd like to express my sincere gratitude to Yusaku GODA, CEO of Mitsumura Suiko Shoin Publishing, and editor Masato UENO, who were responsible for initiating this project, as well as photographer Seiichi SUZUKI and everyone else who helped in the production of this book.

(14th-generation master of DOURAKU)

飯田 知史（いいだ さとし）
1959 年、京都の老舗料亭「道楽」に生ま
れる。東京築地の料亭にて丁稚奉公の後、
「道楽」にて 14 代目政治郎として腕を揮（ふる）う。
古の料理を研究し、今に活かす料理論を展
開し、独自の料理の考案にも余念がない。
2018 年 10 月より京都府立大学で非常勤講師
を勤める。著書に『京料理七十二候』（里文
出版）、『京のおまわり』（京都新聞出版セ
ンター）等々、新聞・雑誌などの連載も多数。
京の食文化の啓蒙に広く努めている。

IIDA Satoshi
Born in 1959 to the family of DOURAKU,
a long-running restaurant specialising
in Kyoto cuisine. After apprenticing at
a restaurant in Tsukiji, Tokyo, he assumed the
role of 14th Seijiro master at DOURAKU.
He is devoted to studying culinary traditions
and applying them in a modern context, in
order to create his own original cuisine.
In October 2018, he began teaching part-
time at Kyoto Prefectural University. He is
the author of the books "*Kyō Ryōri 72 Kō*"
and "*Kyō-no Omawari*," as well as numerous
newspaper and magazine articles, through
which he introduces readers to the richness of
Kyoto's food culture.

参考文献

『現代こよみ読み解き事典』岡田芳朗・阿久根末忠／柏書房

『図説江戸料理事典』松下幸子／柏書房

『歳時記 京の伝統野菜と旬野菜』高嶋四郎／トンボ出版

『日本大百科全書』

『ブリタニカ国際大百科事典』

『新漢語林』

『日本歴史大辞典』

七十二候を味わう京料理

Savouring the seasons through Kyoto cuisine

発行日：令和2年7月26日初版 発行

著　者：飯田知史

発行者：合田有作

発行所：光村推古書院株式会社

　　　　604-8006 京都市中京区河原町通三条上ル下丸屋町407-2

　　　　Phone 075-251-2888　　Fax 075-251-2881

印刷所：株式会社シナノパブリッシングプレス

ISBN978-4-8381-0589-2

©2020 Satoshi Iida, Printed in Japan

撮　影：水野克比古（カバー・扉）

　　　　鈴木誠一（料理）

翻　訳：James Hadfield　ジェイムズ・ハッドフィールド

　　　　Tomo Yoshizawa　吉澤 朋

編集・デザイン・装幀：上野昌人